Klaus Eickhoff

MACH MAL PAUSE

KLAUS EICKHOFF

MACH MAL PAUSE!

Klaus Eickhoff
Mach mal Pause

Bestell-Nr.: 271.198
ISBN: 978-3-86353-198-0

Wenn nicht anders angegeben,
wurden die Bibelstellen zitiert nach:
Neue Genfer Übersetzung NT + PS,
Genfer Bibelgesellschaft,
1032 Romanuel-sur-Lausanne, Schweiz,
Erste Auflage 2011.
Außerdem wurde verwendet:
Gute Nachricht Bibel, revidierte Fassung,
durchgesehene Ausgabe in neuer Rechtschreibung,
© 2000 Deutsche Bibelgesellschaft, Stuttgart.

1. überarbeitete Neuauflage
© 2016 Christliche Verlagsgesellschaft Dillenburg
www.cv-dillenburg.de
Früher erschienen unter demselben Titel im
Hänssler-Verlag, Neuhausen-Stuttgart
Satz und Umschlaggestaltung:
Christliche Verlagsgesellschaft Dillenburg
Umschlagmotiv: © Shutterstock.com/violetblue
Druck: GGP Media GmbH, Pößneck
Printed in Germany

INHALT

VORWORT

Mach mal Pause!
Atemholen. Nachdenken. Sich besinnen. Auf das, was zählt.
Sonst ist das Leben gelebt und wir haben das Wesentliche nie erfahren.
Zu wissen, was wahr ist und wirklich zählt, tut der Seele gut!
Dem Körper übrigens auch.

Klaus Eickhoff

1. WAS ZÄHLT?

„Mann, Mann, Mann! Das kann nicht Ihr Ernst sein. Das ist doch leeres Geschwafel. Ein vernünftiger Mensch wie Sie kann doch so etwas nicht glauben!"

Er steht vor mir. Zornig, rot angelaufen macht er seinem Ärger Luft. Ich sehe, dass er zittert. „Lesen Sie keine Zeitung?", stößt er hervor. „Sehen Sie kein Fernsehen? Hören Sie kein Radio? Haben Sie noch nie ein wissenschaftliches Buch, einen wissenschaftlichen Artikel gelesen?" Er schüttelt den Kopf wie über jemanden, dessen Dummheit einem den Atem raubt.

Wir haben über Gott gesprochen. Manchmal denke er auch, es müsse ein höheres Wesen geben, aber das sei ja undenkbar. Wo solle das herkommen? Und überhaupt – die Wissenschaft. Sei es nicht längst bewiesen …?

Daraufhin habe ich von meinem Glauben erzählt, dass ich Christ bin und dass Christus am Kreuz für unsere Sünden starb, für seine übrigens auch, dass der Auferstandene lebendiger ist als alles biologische Dasein um uns herum und dass wir ewiges Leben durch ihn haben können. Er solle das nicht, ohne tiefer nachzudenken, einfach vom Tisch fegen.

Das ist für ihn zu starker Tobak. Er platzt vor Ärger: „Mann, Mann, Mann!"

Gespräche solcher Art sind nicht selten in Europa. Unseren vermeintlich aufgeklärten Gesprächspartnern fehlen die Argumente, um gegen so viel Hirnverbranntes, wie sie meinen, anzukommen.

Irgendwie ist die Verwunderung zu verstehen. Wir leben in einer Umwelt, die ständig so tut, als ob es Gott nicht gäbe. Der Unglaube wird uns mit der Muttermilch mitgegeben. Er ist so selbstverständlich wie das Atmen: Man denkt nicht darüber nach. Dadurch, dass man Grundfragen ignoriert oder verdrängt, sind sie jedoch nicht einfach vom Tisch.

Was stimmt denn nun? Was zählt? Grundfragen lassen sich nicht durch ferngesteuerte Einheitsgefühle erledigen.

Was zählt? Worauf ist Verlass? Womit kann man rechnen? Was ist wirklich wahr? Diese Fragen lassen sich nicht abwürgen. Totschweigen lassen sie sich auch nicht. Zur Menschenwürde gehört, darüber engagiert und ernsthaft nachzudenken und Fragen zu stellen. Tiere fragen nicht. Menschen sind keine Tiere, sollten sich nicht durch ihre gottentfremdete Umwelt auf das Niveau von Hunden und Katzen herunterzerren lassen.

Im Verlaufe solcher Erörterungen über Gott hat es sich erwiesen, dass meine Gesprächspartner über ihren Unglauben meistens weit weniger nachgedacht hatten als ich über meinen Glauben. Das erhebt mich nicht. Es bedrückt mich. Nicht, dass es nicht Leute gäbe, die über den Unglauben gründlich nachgedacht hätten. Sie sind eben nur sehr selten. Was ich von intelligenten, nicht glaubenden

Zeitgenossen zum Thema Christus gelesen oder gehört habe, hat mich nie überzeugen können. Es war zu kurz geschossen, traf die Sache nicht, nur das Zerrbild, welches jemand von der Sache hatte.

Ich gebe zu: Manchmal ist es ein Zeichen von Charakter und gutem Geschmack, wenn jemand an den „Gott", den man ihm präsentiert hat, nicht glauben mag. Was er da ablehnt, ist jedoch ein primitives Zerrbild, eine Karikatur des Höchsten. An die glaube ich auch nicht.

In diesem Buch geht es um das Original. Und das ist hinreißend!

So ahnt mein zorniger Gesprächspartner nicht, dass das, was ihm wie leeres, frommes Geschwafel erscheint, gefüllt ist mit der Gegenwart dessen, in dem „alle Schätze der Weisheit und Erkenntnis" (Kolosser 2,3) verborgen sind, wie es im Buch der Bücher heißt. Wenn er seine Stimme nicht hört, heißt das nicht, dass da keine Stimme ist, die spricht. Es heißt, dass wir Menschen uns in unserer lauten Welt sehr, sehr weit von ihrem Flüstern entfernt haben.

Tausend aufdringlich laute Stimmen umgeben uns täglich wie das Tosen eines lauten Sturms. Wer kann da noch hören? Uns flimmern Milliarden Bilder ins Haus und in die Tiefenschichten der Seele. Wer kann da noch sehen? Ungezählte Informationen wollen verkraftet sein. Wer kann da noch unterscheiden? Der Alltag zwingt uns in die Knie, raubt uns jede Stille, hält uns auf Trab.

Das alles geschieht mit uns Tag für Tag, Woche für Woche, Monat für Monat, Jahr für Jahr. Die

Jahrzehnte zerrinnen uns wie Sand zwischen den Fingern. Keiner kann die Zeit festhalten. Eines Tages sehen wir uns an das Ende unseres Lebens gespült wie ermattete Fische an das tödliche Ufer – und wir haben in all unseren Jahren nie die Wahrheit gehört, haben nie vernommen, dass es sie gibt.

Ob wir an Gott glauben oder nicht, davon hängen die Wahrheit und Wirklichkeit des Ewigen nicht ab. Ich habe es nicht gewusst. Dann hat der Schöpfer aller Dinge bei mir angeklopft. Ich hatte ihn nicht gesucht, zwar schon mal nach dem Sinn des Lebens gefragt, mehr aber nicht. Dann aber hat sich die befreiende Wahrheit in Person in meinem Leben eingestellt. Auf einfache, menschliche Weise. Ich habe ernstzunehmende Christen kennengelernt und über sie ihren Christus.

Warum ist es uns so schwer, Gott zu erkennen? Früheren Generationen fiel es offensichtlich leichter. Waren sie naiver als wir? Man lese Augustin, Luther, Pascal, um zu begreifen, dass sie unseren Tagen nicht etwa nur zeitlich voraus waren, sondern in einer Tiefe zu denken vermochten, die unsere verflachten Gemüter nur schwer erreichen. Wir haben uns eine Umwelt geschaffen, die auf das Äußere ausgerichtet ist, sind festgenagelt auf den Planken der Oberflächlichkeit. Sich davon loszureißen schmerzt.

Hineingeworfen in ein Meer von Informationen drohen wir unterzugehen. Alles Getöse um uns, alle Information ist entleert. Alle Information gaukelt uns vor, es gäbe keinen Gott. Als habe da irgendwo irgendwer beschlossen, dass es göttliche Wahrheit auf keinen Fall gibt. Und nun wird informiert ohne Berücksichtigung der Wahrheit. Nun wird gelebt ohne Berücksichtigung der Wahrheit. Nun wird existiert ohne Berücksichtigung der Wahrheit. Eigentliches, Wesentliches wird ausgeblendet, abgeschaltet, nicht genannt. Mit dem, was zählt, wird nicht mehr gerechnet.

Wir tun so, als ob es Wesentliches nicht gäbe. Aber das, was es angeblich nicht gibt, ist das Wesentliche.

Bei Gott sind wir zu Hause, sagt das Buch der Christen. Bei ihm haben wir unsere Heimat, weil wir durch ihn geschaffen sind. Nun aber sind wir von dem allem abgeblockt. Heimat wurde zur Fremde. Fremde wurde zur Heimat. In der Gefangenschaft fühlen wir uns zu Hause, nicht ahnend, dass es das andere gibt, das Vaterhaus Gottes, im Glauben beziehbar, bewohnbar, erlebbar.

Unser heutiges Lebensgefühl betrügt uns. Es setzt sich zusammen aus der Fülle leerer Informationen und Meinungen, die sich über uns stülpt, täglich und lebenslang. Diese Fülle erdrückt. Sie durchwirkt uns, bestimmt uns. Sie lenkt unser Denken, unser Handeln, unser Leben. Diese „Fülle" ist Leere, Betrug um das Wesentliche. Das Nichts ist in dieser Fülle. Das Nichts aber wirkt, es wirkt sich aus. Die Auswirkungen sind spürbar. Dahin sind wir gekommen, dass wir empört sind, wenn wir die Wahrheit hören, und froh, wenn wir die Lüge verteidigt haben. Einsichtig ist nun alles, was gegen den Glauben spricht. Einsichtig ist nun alles, was ihn verdrängt. Die Wirkung des Nichtigen ist enorm.

Man müsse es nicht übertreiben mit dem Glauben, meinen die Wohlwollenden. Als ob man Wahrheit nur dosiert nehmen dürfe wie eine Prise Salz, die der schalen Suppe der Gottlosigkeit einen pikanten Beigeschmack verleiht.

Unser Lebensgefühl betrügt uns. Wir denken, dass wir nüchtern sind und tappen im Nebel. Man gehe zu den Sterbenden. Der nahende Tod wird häufig von entlarvender Ernüchterung begleitet. Sterbende lechzen nach Gott, dem sie ein Leben lang ausgewichen sind. Oft habe ich berufsbedingt an Sterbebetten gesessen. Da sind mir die Augen darüber aufgegangen, wie Menschen, die ihr Leben wie in einem Dämmerschlaf verbracht hatten, plötzlich jäh erwachten.

Zuletzt lechzten sie nach dem lebendigen Gott.

„Das ist die Angst der Kreatur", sagte mir der Bruder eines Sterbenden. Er meinte damit, das Lechzen nach Gott sei eine natürliche Regung, nichts weiter dahinter. Wie konnte er das sagen, der Träumer? Er selbst hatte noch nie im Sterben gelegen, hatte noch nie den Atem des Todes gespürt. Verdächtig schnell aber war er mit seiner Deutung bei der Hand, Deutung aus dem Nebel manipulierter Unnüchternheit. Welch eine Verwirrung: keine Klarheit, keine Wahrheit – aber Deutung!? Und solche Deutung bemüht sich, Gott herauszudeuten, so gut es eben geht. „Angst der Kreatur!"– Die vage Vermutung genügte ihm, um weiterhin fraglos zu existieren. Waren seine Augen verschlossen oder wollte er nicht sehen? Merkte er nicht, dass sich sofort die nächste Frage aufdrängt: „Woher kommt die Angst der Kreatur?" Es gibt nur eine schlüssige Antwort: Diese Angst kommt daher, weil jeder in der Tiefe seiner Seele um seinen Schöpfer weiß. Es muss schrecklich sein, dem unentrinnbaren Gott entgegenzugehen, den man ein Leben lang nicht gewollt hat.

Liebe Leserin, lieber Leser, seien Sie barmherzig mit Ihrer Seele!

„Schrecklich ist es, in die Hände des lebendigen Gottes zu fallen", steht im Neuen Testament. Sterbensangst ist Gottesschrecken. Wer mit zerstörten Maßstäben misst, merkt nicht, dass die Messergebnisse nicht stimmen. Wenn die Maßstäbe falsch sind, stimmen unsere Resultate nicht, die wir mit ihnen erzielen. Auf diese Weise erhalten viele ein Trugbild vom Gebäude ihres Lebens. Das kann nicht bestehen. Das stürzt ein. Das ist nur eine Frage der Zeit.

Wer gibt uns unsere Maßstäbe an die Hand?

Der Kreis schließt sich: die Informationen, denen wir ausgesetzt sind, die „Fülle", die Leere ist, die alles durchdringende, penetrante Manipulation des Nichts. Unser Lebensgefühl betrügt uns, gibt uns Maßstäbe in die Hände, die nicht stimmen, veranlasst uns zu Deutungen, die irreleiten, entfremden von dem, was unsere ewige Heimat ist.

Alle Welt ist mit diesem Lebensgefühl durchtränkt, mit diesem Betrug.

Alle Welt – das sind die Freunde, die Familie, die Kollegen, die Bekannten. Alle, die uns umgeben, liefern uns ihre Meinungen, ihre Ansichten. Man höre nur einmal hin, was wir uns sagen, wenn da jemand gestorben ist. Wie viel hilflose Leere äußert sich an den Gräbern unserer Lieben! Was wir zum Sinn des Lebens zu sagen haben, zum Sterben, zu Gott, ist oft – man möge mir verzeihen – mit freundlichen Worten verbrämter Stumpfsinn. Und wie viel pseudo-religiöser Stumpfsinn kommt oft sogar von Pfarrern und Priestern! Gott sei es geklagt!

Das allgemeine Lebensgefühl, so mutet es an, hat alle im Griff. Man richtet sich nach den Ansichten aus, die uns täglich umgeben. In dieser Hinsicht stehen wir in Reih und Glied, uniformiert und gleichgeschaltet. Da marschieren sie eng nebeneinander, auch die, die sich sonst nicht grün sind: der ehrbare Vater und der missratene Sohn, die fleißige Mutter und die faule Tochter, der strenge Lehrer und der lasche Schüler, der spießige Onkel und der rebellierende Neffe, der verhasste Arbeitgeber und der über ihn schimpfende Arbeitnehmer. Hier sind wir zusammen in der Reihe der Uniformierten, Manipulierten. Es ist eine seltsame Einheit, die gegen die Wahrheit marschiert. Die Entfremdung von Gott, so wirkt es, ist allumfassend. Alle Welt scheint darin vereint.

Mit stoischer Sicherheit glauben wir, was die Masse glaubt. Woher nehmen wir die Sicherheit? Wir nehmen sie von der Masse.

„Was alle glauben, was alle denken, was alle meinen, das kann so falsch nicht sein!" Und so stehen wir da, nach wie vor „die Reihen fest geschlossen."

Entfremdung der Masse von Gott ist das Kennzeichen dieser Zeit – und der Einzelne ist verwoben mit der Masse wie in einem unzerreißbaren Geflecht.

Die Frage jedoch ist nicht vom Tisch: Was zählt?

2. BEDENKE – ES WÄRE WAHR!

Irgendwo habe ich eine jüdische Erzählung gelesen. Ein Ungläubiger kommt zu einem Rabbi, um mit ihm über Gott zu diskutieren. Der Rabbi sagt nur einen einzigen Satz: „Bedenke, Freund – es wäre wahr!", dreht sich um und geht.

Nun steht er da, der weise Rat im Leben des Ungläubigen. „Bedenke, Freund – es wäre wahr!" Wird er es wagen, den Rat des Weisen zu befolgen? Wird er ihn bedenken, tief und anhaltend bedenken? Oder wird er sich jetzt erst recht in ein Leben stürzen, das ihn unter Garantie diesen Rat vergessen lässt, in ein Leben vielleicht voller Arbeit, voller Erfolge, voller Erlebnisse – aber leer, was das große Geheimnis unseres Daseins betrifft?

Bedenke – es wäre wahr!

„Was wirst du machen mit diesem Rat?" Das ist die Frage, die nun so oder so ihre Antwort findet. Wo? Im Leben eines jeden, der ihn vernimmt.

Sie, liebe Leserin, lieber Leser, vernehmen ihn gerade.

Wenn Gott ist, dann ist er die eigentliche, alle unsere Realitäten umschließende Wirklichkeit. Alle Menschen, die von ihm absehen, sind dann wirklichkeitsfremd, Träumern, Schlafwandlern gleich. Wirklichkeitsverlust ist eine Krankheit. Unsere „realistische" Welt ist von ihr in hohem Maße befallen. Wer die Wirklichkeit nicht „sieht", sich aber gibt, als sei er knallharter Realist, ist nur noch das Zerrbild eines Menschen, wie Gott ihn gemeint hat. Er ist jenem Blinden vergleichbar, der ein Plakat vor sich hertrug mit der Aufschrift: „Ich glaube nur, was ich sehe!" Ich sah es in einer Karikatur. In Wirklichkeit weiß jeder Blinde, dass da mehr ist, als er sehen kann.

Wir aber haben nicht nur die Augen, wir haben das Gespür für Gott verloren. Ist es denkbar, dass die „aufgeklärte" Welt sich irrt? Ist es denkbar, dass uns unser Lebensgefühl betrügt, uns abgrundtief narrt?

Ja, das ist denkbar. Ist es denkbar, dass Gott ist? Es ist denkbarer als alle Versuche, das Dasein aller Dinge anders zu erklären. Bedenke – es wäre wahr!

Wenn Gott ist, ist er der Inbegriff des Lebens. Ein Dasein ohne ihn zu fristen, hieße, das Leben zu versäumen. Unser Leben könnte kostbar sein. Es wäre ein Jammer, hätten wir in unserer Zeit nicht wirklich gelebt, sondern nur biochemisch existiert. Wir leben ein Schattendasein ohne Gott, kein wirkliches Leben.

Und die Lebensaussicht? Gibt es etwas Bedrückenderes als die Aussicht, dass wir alle, auch unsere geliebten Kinder und Enkel, in Gräbern verschwinden, die sich nie mehr öffnen werden?

Das ist vollendete Sinnlosigkeit. Warum erschrecken wir nicht vor dieser entsetzlichen Möglichkeit? Wir sollten eine Existenz ohne Gott nicht glorifizieren.

Gott schenkt Leben, das sich vom Tod nicht zerstören lässt. Lodernde, lebendige Hoffnung, Leben in Ewigkeit, das ist verbürgt in dem einen Wort: GOTT!

Wenn Gott ist, dann hat unser Leben einen Sinn. Was ist aber der Sinn unseres kurzen Daseins ohne Gott? Arbeit, Leistung, Vergnügen, Unterhaltung? Das sind alles kurzlebige, vergängliche Inhalte. Das gibt doch dem Leben als Ganzem keinen Wert. Oder welch einen Sinn hat es, wenn sich die Eintagsfliege auf der Höhe des Tages an einem angefaulten Apfel erfreut und am Abend bereits das Zeitliche segnet? Jede Sekunde ihres Daseins stand im Schatten der Sinnlosigkeit. Ohne Gott ist es beim Menschen wie bei den Eintagsfliegen.

Ohne Gott führt uns das Fragen nach dem Sinn in jede erdenkliche Sackgasse. (Darum ziehen es heute viele vor, erst gar nicht mehr danach zu fragen.) Wenn unser Leben als Ganzes keinen Sinn hat, dann hat es auch keinen Sinn in den Teilen. Man bedenke, jeder Tag, den wir erleben, wäre sinnlos. Jede Stunde, die wir erleben, wäre sinnlos. Jede Minute, die wir erleben, wäre sinnlos. Ohne Gott schreiten wir von Sinnlosigkeit zu Sinnlosigkeit.

Das kann nur der ertragen, der das Nachdenken über seinen Sinn verweigert, der bewusst zu kurz denkt.

Diese Verweigerung macht die Seele krank. Die hungert nämlich nach Klarheit und Wahrheit, nach Leben und Sinn.

Was zählt? Was ist wahr? Wer diese Fragen abwürgt, stranguliert sich selbst.

Durch Gott aber wendet sich alles. Man darf nachdenken, ohne in Sackgassen zu rennen. Man fragt und muss nicht befürchten, am Ende ohne Antwort zu sein.

Die Seele atmet auf. Herrliche Freiheit des Fragens, des Denkens, des Glaubens ist gewährt. Nun sind alle Tage, alle Stunden, alle Minuten sinnvoll geworden. Wir dürfen leben zur Freude, zur Verherrlichung, zur Ehre Gottes jetzt und in alle Ewigkeit. Das Leben wäre sinnlos, wenn Gott nicht wäre. Aber es ist sinnvoll, weil Gott ist. Und darum ist es unendlich schön, schön durch Gott.

Wenn Gott ist, dann gibt es VERGEBUNG.

Es liegt offen zutage: Ein Heer von Menschen wird heute mit dem Leben nicht fertig. Viele leiden unter Depressionen. Eine der Ursachen dafür kann Schuld aus der Vergangenheit sein. Irgendwann aufgeladen wurde sie zur Last, die erdrückte. Wie viel hoffnungsvolles Leben ist durch Schuld auf der Strecke geblieben! Das, was verlockend erschien, hat sich als Unheil erwiesen. Menschen haben sich jahrzehntelang mit solchen Lasten abgeschleppt.

Sie gerieten unter Spannungen, denen sie nicht gewachsen waren. Nicht selten entlädt sich die Spannung in seelischer, körperlicher oder auch geistiger Krankheit. Leib, Seele und Geist sind zu sehr ineinander verwoben, als dass die Verletzung des einen nicht auch Schädigung des anderen nach sich zöge.

Nicht allein die Lasten sind es, die wir hier und jetzt zu tragen haben, die die Schuld so schrecklich machen. „Sünde" heißt in biblischer Sprache „hamartia", Zielverfehlung. Da ist ein Ziel, auf das wir hingewiesen sind, ein Ziel, das es zu erreichen gilt:

Gottes Reich, die große Ewigkeit! Zielverfehlung bringt ab vom richtigen Kurs. Das Leben stößt ins Leere, erreicht den Himmel nicht. Da bleibt nur das ewige Getrenntsein vom großen Liebenden. Biblisch gesprochen die „Hölle". Wenn der Zielverfehlung nicht Einhalt geboten wird, wenn niemand unseren falschen Kurs korrigiert, dann wäre es besser, wir wären nie geboren worden, hätten nie gelebt.

Welche Macht könnte hier Einhalt gebieten? Keine Macht der Welt kann Schuld wegnehmen. Auch die ehrbaren Versuche der Psychologen können das Problem der Schuld nicht lösen. Ohne Gott sind wir mit all diesen Lasten alleingelassen. Ohne Gott gibt es kein Heil.

Nun aber steht geschrieben: „Das Blut Jesu Christi, des Sohnes Gottes, macht uns rein von aller Sünde" (1. Johannes 1,7).

Ein kurzer biblischer Satz, und doch ist in ihm alles gesagt, was einen Menschen erlöst und befreit. Keine menschlichen Wiedergutmachungsversuche, keine Anständigkeit, keine Religion – aber das Blut Jesu Christi, des Sohnes Gottes, macht uns rein von aller Sünde. Jeder könnte Anteil haben an der große Entlastung, die hier versprochen ist. Jeder könnte das Ziel erreichen.

Welch ein Angebot! Bedenke – es wäre wahr!

Wenn Gott ist, kann unser Leben unendliche Geborgenheit finden. Schon im Alten Testament blitzt es auf. Im Neuen Testament aber strahlt der volle Glanz: Zu ihm, dem Schöpfer aller Welten, dem heiligen, ewigen Gott dürfen wir „Vater" sagen. Welch ein Vorrecht und Glück, welch eine Herrlichkeit!

Gott ist Vater. Ewiges Zuhause ist damit angesagt, nie versiegende Versorgung, nie endender Schutz. Ist Gott unser Vater, dann sind wir von ihm selbst umarmt und mit Geborgenheit umhüllt.

Unsere Welt leidet an verzweifelter Ungeborgenheit. Wir wissen uns hinausgeschleudert in einen Kosmos, dessen Größe und Tiefe unermesslich sind. Einsamkeit kriecht uns in die Seele, wenn wir daran denken, dass unser winziger Globus wie ein Staubkorn verloren im Weltraum schwebt. Wie lange wird uns dieses schwankende Etwas noch tragen? Gähnende Leere umgibt uns. Schwer zu ertragende Ungeborgenheit macht sich unter den Menschen breit, frisst sich in die Herzen der Eltern und Kinder. Die Liebe erkaltet. Wer weiß noch, wo er sich bergen kann? Da ist keine Geborgenheit, wenn kein väterlich liebender Gott ist. Wenn wir doch einmal Geborgenheit bei einem Menschen finden, der uns liebt und den wir lieben, so ist es nur ein Schutz auf Zeit. Einmal hört alle irdische Geborgenheit auf. Wir werden losgerissen, hinausgestoßen – wohin?

Tief in uns jedoch glüht es wie ein Feuer: Da brennt die Sehnsucht nach nie endender Gemeinschaft mit dem himmlischen Vater. Unsere Sehnsucht scheint sich in einem unerklärlichen Ahnen zu äußern: Es gibt sie, diese wunderbare, nie endende Geborgenheit. Es gibt sie, weil es Gott den Vater gibt. In seiner Liebe darf ein Mensch sich bergen, ob er jung ist oder alt. In der Liebe des Vaters haben wir solche Geborgenheit, die selbst im Leid, im Schmerz, in der Trauer nicht vergeht. Er bleibt ja unser Vater, er bleibt ja unser Gott.

In der Frage nach Gott steht zu viel auf dem Spiel. Unser Leben, unser Dasein, unsere Ewigkeit, alles, alles ist hierin beschlossen.

Bedenke es – wäre wahr!

Wir dürfen es uns nicht leisten, die Gottesfrage beiseitezulegen. Wir dürfen es uns nicht leisten, so zu tun, als gäbe es das alles nicht. Man kann doch eine Frage nicht damit abtun, dass man sie verdrängt. Sie bleibt doch bestehen. Man drängt sich nur selbst ins Abseits.

Woher nimmt der Unglaube seine Sicherheit? Woher nimmt er seinen Glauben? Dass Unglaube selbst menschliche Logik gegen sich hat, kann nicht ernsthaft bestritten werden. Da ist ein Kosmos mit unbestechlichen Gesetzen, mit atemberaubenden Präzisionen, mit unausdenkbaren Ordnungen. Woher kommen diese Gesetze, Präzisionen und Ordnungen? In einer Welt, in der die Erfahrung lehrt, dass nichts aus sich selbst ist, dass alles seine Begründung hat, wollen wir glauben, dass das All selbst aber ohne Begründung sei. Es sei aus sich selbst geworden, da sei nichts „dahinter"? Seltsame Kurzsichtigkeit! Seltsame Gläubigkeit! Noch nie ist in unserem Erfahrungshorizont eine Ordnung von selbst entstanden. Von selbst entstehen Chaos und Unordnung. Ordnung braucht immer die ordnende Hand, mehr noch, den ordnenden Geist.

Ordnung ist eine Frage des Geistes, der da ordnet. Ein kleines Kind ist noch nicht in der Lage, in seinem Zimmer Ordnung zu halten. Sein Geist ist zu schwach. Mit dem Erstarken des Geistes wächst in der Regel die Ordnung. Nimmt der Geist des

Menschen – wie manchmal im Alter – ab, dann auch seine Fähigkeit, Ordnung zu halten. Es bedarf geistiger Kräfte, Ordnung zu schaffen und Ordnung zu erhalten. Jeder Haushalt, jede Werkstatt, jedes Büro droht im Chaos unterzugehen, wenn nicht stets Geisteskraft Ordnung schafft und erhält.

Welche Geisteskraft, welcher Ordnungswille steht hinter dem Ganzen der Welt? Dass ausgerechnet die wunderbarsten Ordnungen, die wir kennen (Makrokosmos-Mikrokosmos-Organismen), aus sich selbst geworden sind und aus sich selbst erhalten werden, ist eine Gläubigkeit, die jeder Vernunft entbehrt.

Woher nimmt der Unglaube seine Sicherheit? Er hat keinen Anhalt in der Vernunft. Und – er hat keinen Anhalt in irgendeiner Offenbarung. Seltsame „Glaubenskräfte" sind im Unglauben am Werke. Dieser Pseudoglaube versetzt nicht nur Berge an Vernunft, er wähnt sogar, er könne Gott versetzen. Unglaube ist Mutmaßung und Anmaßung. Er hat nichts, worauf er sich stützt.

Glaube dagegen widerspricht nicht der Vernunft und – was mehr ist – er gründet in Offenbarung. Offenbarung aber kann vom Unglauben nicht wirkungsvoll bestritten werden, weil der Unglaube nur ein dürftiges Argument dagegen ins Feld zu führen hat: „Weil ich noch keine Offenbarung erhalten habe, kann es auch keine geben!" Schwaches Argument!

Dass der Unglaube allerdings über negative Kräfte verfügt, ist offensichtlich. Was hindert den ungläubigen Menschen daran, ein Glaubender zu werden?

3. DAS GROSSE HINDERNIS

Die ersten sieben Jahre meines Lebens habe ich in dem damals noch unzerstörten Berlin verbracht. Ich wuchs in Kinderheimen und Waisenhäusern auf. Der Vater hatte sich aus dem Staube gemacht, meine Mutter musste arbeiten, besuchte mich aber gelegentlich. In ihren Aufzeichnungen lese ich: „Kläuschen hat mich nicht erkannt." Ich wuchs heran und erinnere mich, dass meine Mutter sonntags mit mir ausging. Sie zeigte mir die glanzvollen Bauten: das Charlottenburger Schloss, den Dom, die Siegessäule, das Brandenburger Tor, Sanssouci vor den Toren Berlins.

Dann wurde es lebensgefährlich, in dieser schönen Stadt zu bleiben. Feindliche Flugzeuge warfen ihre todbringenden Ladungen auf uns herab. Oft wurde ich als kleiner Junge aus dem Schlaf gerissen: Bombenalarm! Wir versuchten, in Luftschutzbunkern zu überleben. Schließlich zog meine Mutter mit mir zu Verwandten nach Westfalen. Möglicherweise rettete sie dadurch unser Leben.

Später sah ich erschütternde Fotos. Meine Geburtsstadt war nicht wiederzuerkennen. Buchstäblich alles schien zerstört. Berlin war ein Trümmerfeld geworden. Wir kennen sie, diese Bilder des Grauens, die gespensterhaften Ruinen, die unter ihrem Schutt viele Menschen begraben hatten.

Welch eine Macht war da am Werke gewesen?! Welche Zerstörungskräfte hatten da freien Lauf gehabt?!

Nicht nach den Bomben frage ich, nicht nach den Sprengladungen, mit denen sie gefüllt waren. Ich meine anderes: Was sind die geistigen Ursachen solcher Zerstörung? Das ist unheimlich: Alles hatte seine Ursachen im Geist von Menschen, in ihrer Eigensucht, in ihrem Stolz, in ihrer Überheblichkeit. Dieser Geist steckte viele an, entzündete sie wie schnell brennbares Material. Fast spielerisch leicht – so scheint es – wurde ein großes Volk hingerissen von diesem Geist, der ein Ungeist war. Da waren keine Hindernisse, die dem Bösen Einhalt boten. Im Gegenteil! Das Böse hatte sich den Schein des Guten, des Gerechten, ja, des Heiligen zugelegt. Wer wollte nicht gut, gerecht und heilig sein?

So hatte das Böse begeisterte Zustimmung auf breitester Front. Wie oft wurde in diesen Jahren „Heil" geschrien! Welch ein Hohn! Mit Heilrufen auf den Lippen marschierte unser Volk in den Rachen des Unheils.

Ich stelle das nicht mit der Pose des nachträglichen Besserwissers fest. Dazu war zu viel Verführung im eigenen Leben, um über andere noch zu Gericht sitzen zu können. Wir entdecken nur die gleiche Handschrift in den Verführungen. Darauf aufmerksam zu machen, sollte gestattet sein.

Dass Böses wiederum Böses in gesteigertem Maße gebiert, ist eine alte Lebenserfahrung. So wurden uns dann auch die Zerstörungen, die wir anderswo anrichteten, heimgezahlt.

Warum erwähne ich das alles? Unter den Menschen ist Böses am Werk. Wir sind zum Bösen allzu leicht verführbar, spielerisch leicht. Haben wir uns im Kern unseres Wesens seit damals gewandelt? Nein. Wie sollten wir auch? Wer könnte uns schon ändern?

Weil wir dieselben geblieben sind, ist auch die Zerstörung geblieben. Die Trümmerfelder, der Totengeruch, all das ist nicht von uns gewichen. Die Zertrümmerung des Menschen hat nicht abgenommen. Sie hat zugenommen. Das Elend der Zerstörung spielt sich nur auf einer anderen Ebene ab. Ungezählte Menschen in unseren Tagen gleichen jenen Bildern vom zerstörten Berlin. Sie sind innerlich Trümmerfelder. Nichts Heiles oder Heilendes geht von ihnen aus. Innerlich sind sie stumpf und dumpf. Äußerlich mögen sie durchaus glänzen und ihre Erfolge haben, aber ihr Inneres ist eine Ruinenlandschaft. Nicht unser äußerer Zustand zählt, sondern unser innerer.

Wie ist denn der innere Zustand eines Menschen ohne Gott? Schrecklicher als jede zerstörte Stadt. Und das Bedrückende an allem: die Menschen wissen nicht, wie es um sie steht. Sie halten sich für ehrbar und gut. Ihnen fehlt jede Einsicht in ihr Leben vom Standpunkt Gottes aus. Sie kennen nur ihren gottlosen Standpunkt und sehen und beurteilen darum alles aus der Sicht ihres Unglaubens. Vom Standpunkt Gottes aus weiß man erst, dass man ohne Gott verloren ist, auf ewig verloren. Erst vom Standpunkt Gottes aus weiß ich, wie zerstört ich ohne Glauben war. Das Buch der Bücher sagt drastisch: „Ihr wart tot!"

Was ist die geistige Ursache der Zerstörung, der Zertrümmerung unserer Seele? Was ist mit uns Menschen geschehen?

Wir sind Gott ausgewichen, haben ihn nicht gesucht und darum unsere Ausreden für den Unglauben gefunden. Wir wollten nicht, dass er über uns herrscht. Wer die Führung Gottes nicht will, dem bleibt nur die Irreleitung des Verführers. Einen neutralen Standort gibt es nicht! Luther hat uns Menschen in einem derben Bild mit einem Gaul verglichen. Der Gaul wird auf jeden Fall geritten. Die Frage ist lediglich, wer im Sattel sitzt, Gott oder der Zerstörer.

Was hindert uns daran, Gott „in den Sattel" zu lassen? Was hindert uns, ihm die Führung unseres Lebens in die Hand zu geben?

Wo das Böse leichtes Spiel mit uns hat, haben die Menschen im Blick auf Gott ihr größtes Hindernis. Das größte und eigentliche Hindernis eines Menschen, zu Gott zu kommen, sind nicht seine Zweifel oder seine Aufgeklärtheit oder seine Intelligenz. Das sind vorgeschobene Posten, die der Mensch vor der Festung seines Ichs aufbaut, um sich Gott vom Leibe zu halten. Ich habe noch nie den Eindruck gehabt, dass Ungläubige von ihren Argumenten, die sie gegen Gott ins Feld führten, tatsächlich überzeugt waren. Wenn ihnen im Gespräch einer ihrer Haupteinwände widerlegt wurde, suchten sie krampfhaft nach einem neuen Einwand. Anstatt nachdenklich zu werden, dass ihnen ihre Glaubensbasis genommen wurde, suchten sie schnell eine neue. Da ist so etwas wie ein Urinteresse am Werk:

„Es darf nicht wahr sein, dass Gott ist. Auf jeden Fall muss sichergestellt werden, dass er uns nicht zu nahe rückt."

Es ist nicht so, dass wir nicht glauben können. Es geht darum, dass wir nicht glauben wollen. Was ist das Hindernis?

Das Hindernis sind wir selbst, das ist unser Ich. Schwer wie Blei liegt es in der Seele. Unser Ich hat ein Gewicht, das uns hinunterdrückt in alle erdenklichen Flachheiten des Daseins. Das eigene Ich ist es, das uns nicht auf die Füße des Glaubens gelangen lässt. Die Bibel sagt, wir werden auffahren mit Flügeln wie ein Adler, wenn wir auf den Herrn harren. Wir aber beharren auf unserem Ich, auf unserem eigenen Willen, unserem Stolz, auf unserer bleischweren Überheblichkeit.

Damit bestehen wir auf den Zerstörungsmächten, die verursachen können, dass Städte, Länder und ungezählte Menschen vernichtet werden. Die Zerstörungsmacht des Ichs ist so groß, dass sie in der Lage ist, nicht nur den Leib, sondern auch die Seele des Menschen der Zertrümmerung zu überlassen. Wir brauchen nur zu bleiben, wie wir sind, gottlos, und unsere ewige Verlorenheit ist unausweichlich.

Welche Unvernunft liegt im Unglauben verborgen! Er tritt an unter der Flagge der Selbsterhaltung und rast mit vollen Segeln in die Selbstzerstörung. Ich drohe nicht. Es ist eine Tatsache, dass jenseits vom Heil nun einmal Unheil liegt. Gottes Wort ist darin sehr klar: „Wer sein Leben erhalten will", sagt Jesus Christus, „der wird es verlieren.

Wer aber sein Leben verliert um meinetwillen, der wird es finden" (Matthäus 16,24).

Das Ich ist das Hindernis. Es möchte sich retten mit seiner Sucht nach sich selbst. Gerade dadurch aber geht es verloren. Es möchte sich durchsetzen mit seinem Eigenwillen und setzt sich gerade damit dem Untergang aus. Zutiefst wissen wir alle, dass Gott ist. Wir wissen auch, dass unser Leben vor ihm in Ewigkeit nicht bestehen kann. Aber anstatt „unser Haus zu bestellen", anstatt Gott zu suchen, anstatt uns ihm in die Arme zu werfen, machen wir uns vor ihm aus dem Staube, sind wir vor ihm auf der Flucht.

Wer reitet uns da?

In einem Leben ohne Gott werden wir vom Teufel geritten. Diesbezüglich haben wir keine Wahl. Dieser Reiter in unserem Nacken ist unerbittlich. Er ist nach der Schrift „der Mörder von Anfang an" (Johannes 8,44). Er ist der Verführer, den keine Macht der Welt aus dem Sattel wirft. Und er, den die Schrift den Vater der Lüge nennt, flüstert unserem Ich all das ein, was es gerne hört: „Sei ein freier Mensch! Sei ungebunden! Gebrauche deine Freiheit! Es ist dein Leben! Du kannst damit machen, was du willst! Niemandem bist du Rechenschaft schuldig! Sei ein freier Mensch!" Und dann bindet er uns an unseren Egoismus, an unseren Stolz, an unsere Eitelkeit, an unseren Geiz, an manche zerstörerische Lust. Wir meinen frei zu sein und sind in Wahrheit gebunden. Der sogenannte „Freie" möge sich prüfen, wie frei er darin ist, seinen Geiz, seinen Egoismus und was es sonst noch sei, zu lassen. Er ist unfähig dazu.

Eine seltsame „Freiheit" ist das, die uns bindet. Wir möchten selbst kleine Götter sein und es kommt doch nur Sklaverei dabei heraus. Ist unser Ich das größte Hindernis, zu Gott zu kommen, dann ist es unser größtes Verderben.

Da aber wird die Stimme laut, die diesem Verderben wehrt. Was sie sagt, hört unser selbstsüchtiges Ich nicht gern. So tief sind wir in Verführung verstrickt, dass wir das erlösende Wort als bedrückend empfinden. Dabei ist es unendlich befreiend! In der radikalen Forderung Jesu leuchtet unversehens Barmherzigkeit auf:

„Will mir jemand nachfolgen, der verleugne sich selbst und nehme sein Kreuz auf sich und folge mir nach. Denn wer sein Leben erhalten will, der wird's verlieren, wer aber sein Leben verliert um meinetwillen, der wird's finden. Was hülfe es dem Menschen, wenn er die ganze Welt gewönne und nähme doch Schaden an seiner Seele?" (Matthäus 16, 24-26).

4. EINWÄNDE ERHEBEN SICH

Längst hat sich im Leser Widerstand geregt. Einwände erheben sich: Soll man sich das bieten lassen, diesen Absolutheitsanspruch, diese Intoleranz? Da stehen ein paar Christen auf. Sie stellen sich der Menschheit gegenüber, einer Weltgeschichte mit ihren brillanten Dichtern und Denkern. Sie stehen sogar auf gegen unser großes, modernes Zeitalter, erheben ihre Stimme und sagen: „Da ist nur ein Weg, eine Wahrheit, ein ewiges Leben: Jesus Christus! Alles andere, mag es noch so erhaben sein und glänzen, ist nur erhabener, glänzender Irrtum."

Ist das nicht höchst intolerant und anmaßend?

Wer nach der Botschaft der Christen fragt, muss nach ihrem Christus fragen. Wir haben nichts aus uns selbst. Wir sind auch nichts aus uns selbst. Unser ein und alles ist Jesus Christus. Sein Wort geben wir weiter, seine Botschaft, seinen Zuspruch und Anspruch. Man betrachte sein Leben – dargelegt in den Evangelien. Wer will IHM widerstehen? Wer kann es? Nur der kann es, der sein Wort nicht zur Kenntnis nimmt. Nur der wird widerstehen, der nicht will, dass Er über ihn herrsche. Wahrheit lässt sich finden von dem, der aufrichtig sucht.

„Dem Aufrichtigen lässt es der Herr gelingen." (Sprüche 2,7)

Das Wort „Intoleranz" kann die Sache nicht treffen. Dann wäre der, der sich für die Sünden aller totgeliebt hat, „intolerant". Intoleranz ist Lieblosigkeit. Wer will ihn der Lieblosigkeit bezichtigen? Er ist die Liebe Gottes in Person. Wenn es nur einen Weg zu Gott gibt, dann ist es nur wahrhaftig und lebensrettend, das klar zu sagen.

Die Wahrheit kann der Lüge gegenüber nicht tolerant sein. Das Heil kann dem Unheil gegenüber nicht tolerant sein.

Terroristen hatten ein gewaltiges Loch in eine Autobahnbrücke gesprengt. Es hätte den Tod eines jeden Autofahrers bedeutet, diese Brücke zu benutzen. Gesetzt den Fall, kurz vor der Todesbrücke hätte sich ein Mann aufgestellt, der den herannahenden Autos zuwinkte: „Sie dürfen nicht weiterfahren! Sie fahren in den Tod! Um alles in der Welt, kehren Sie um! Nehmen Sie den anderen Weg!" Jedermann wäre ihm von Herzen dankbar. Nur ein Wahnsinniger würde weiterfahren und sagen: „Der ist aber intolerant!"

Ist der Mann intolerant? Soll er die Leute in den Tod fahren lassen aus falsch verstandener Duldsamkeit? Ich jedenfalls wünsche mir von Herzen einen solchen „intoleranten" Helfer in jeder Lebensgefahr.

Ein anderer Einwand an dieser Stelle mag die Unzulänglichkeit der Kirche sein, ihr Unvermögen, ihr Versagen. Sie repräsentiert nicht gerade eine Schar überzeugender Christen, denen man einen Absolutheitsanspruch abnehmen könnte. Ich weiß, dass unsere Volkskirche nicht die Gemeinde

Jesu darstellt und darstellen kann. Ich weiß, dass viele Gottesdienste in Freud-, Geist- und Leblosigkeit erstarrt sind.

Ich weiß, dass viele Namenschristen aus ihrem Glauben eine heidnische Religion mit christlichem Anstrich machen. Ich leide unter dem Unglauben und der gelebten Gottlosigkeit vieler Gemeindeleiter. Ich leide unter dem eigenen Versagen, unter dem Unvermögen, Christus überzeugend zu leben und zu verkündigen. Aber ich weiß auch, dass es nichts Schöneres gibt, als ihm anzugehören. Eine tiefe Freude, die diese Welt nicht zu bieten hat, breitet sich in dem Menschen aus, der Christus vertraut. Was das Christenleben quälend macht, ist die Halbherzigkeit, mit der es gelebt wird. Ich rufe darum auch nicht zu einem halbherzigen Christentum auf.

Zu Christus rufe ich auf, ihm mit ganzem Herzen anzugehören.

Ein anderer Einwand: „Ist es nicht ein Rückfall ins finstere Mittelalter, so direkt vom Teufel zu reden? Wer soll das heute glauben? Das ist eine zu starke Zumutung an unseren Intellekt."

Nun, wenn das, was wir vom Islamischen Staat und dessen Abschlachtungen friedlicher Menschen hören, nicht teuflisch ist, was ist es dann?

Die Frage heißt schlicht, ob es möglich ist, durch Nachdenken elementare Wahrheiten aus der Welt zu schaffen. Wir haben natürlich seit dem finsteren Mittelalter erhebliche gedankliche Anstrengungen unternommen. Wir haben entdeckt, geforscht, analysiert. In allen Entdeckungen, Forschungsergebnissen und Analysen hat sich in der Tat kein Beweis für die Existenz des Teufels ergeben.

Nach dem Zeugnis der Heiligen Schrift ist der Teufel eine personenhafte, metaphysische Geistesmacht. Geistesmächte lassen sich nicht erforschen. Man kann sie nicht unter ein Mikroskop klemmen, um sie in den Blick zu kriegen. Sie pflegen sich anders zu erweisen.

Die Geistesmacht des Bösen erweist sich im unsagbaren Elend, von dem diese Welt geschüttelt wird. Sie erweist sich in sinnloser, verantwortungsloser Verführung ungezählter junger Menschen zur Gottlosigkeit. In unserem Europa wächst eine selbstsüchtige, heidnische junge Generation heran. Unermesslicher Seelenschaden entsteht. Menschen wandern ins Grab, abgestumpft, glaubenslos, hoffnungslos – ohne den Trost des auferstandenen Jesus Christus. Wir aber stehen da und zucken hilflos die Achseln: „Weiß der Geier, woher das kommt – aber einen Teufel gibt es nicht." Und unser eigener Unglaube, unsere aus purer Ichsucht geborenen Zweifel, die Erschütterungen, die wegen unserer handfesten Sünden durch unsere Ehen und Familien gehen? Woher kommt das alles? Es kommt durch den Menschen! Ja, das ist wahr. ER hat hier entschieden, Böses zu tun. Nur, dass die Folgen derart sind, das war nicht einkalkuliert. Es kommt durch den Menschen, der sich vom Teufel reiten lässt.

Die gleiche Welt, die leidenschaftlich die Existenz des Teufels leugnet, steht vor verzweifelten Fragen. Da sind böse Stürme über unsere Welt gekommen. Millionen Menschen wurden und werden in unserem Jahrhundert getötet. Moderne, kluge Menschen waren jeweils beteiligt an dem Massenelend, aber wenn man sie fragt: Keiner war es gewesen. Oder eben die anderen. Und vor allem: Keiner hat es gewollt. Es ist also alles über uns gekommen, ohne unsere Erlaubnis, ohne unser Einverständnis, ohne unseren Willen. Woher kam es denn? Wie wollen wir das Böse deuten?

Konrad Lorenz, der Verhaltensforscher, versuchte das Böse mit unseren Aggressionen zu erklären. Aus dem Bösen wurde „das sogenannte Böse". Später schrieb er ein Buch über „Die acht Todsünden der zivilisierten Menschheit". Darin räumt er ein, dass er jemandem, der an die Existenz eines metaphysisch Bösen glaubt, die Berechtigung dafür nicht mehr abzusprechen vermag.

Meines Erachtens ist es ein besonderer Sieg des Teufels, uns weisgemacht zu haben, dass es ihn nicht gibt. Was ein vom Bösen besessener kirchlicher Klerus im Mittelalter aus dem Teufelsglauben gemacht hat, steht auf einem anderen grauenvollen Blatt. Luthers Gedanken über den Teufel gingen jedenfalls tiefer als unser verkürzter Blick in unserem hochtechnisierten Zeitalter.

Wir sind für elementare Wahrheiten und Wirklichkeiten blind geworden. Wir sind dabei, durch des Teufels Machenschaften zugrundezugehen, und werden vielleicht noch mit dem letzten Atemzug ausrufen: „Einen Teufel gibt es nicht!" Wer nicht daran glaubt, wird daran glauben müssen.

Ein letzter möglicher Einwand sei an dieser Stelle kurz bedacht: „Ist es gerechtfertigt, die Eigensucht des Menschen so negativ zu beurteilen, in ihr gewissermaßen die Wurzel allen Übels in der Welt zu sehen? Sind Egoismus, Selbstliebe, Selbsterhaltungstrieb nicht geradezu lebensnotwendig?"

Nun, zunächst sei festgestellt, dass unsere Welt kaum an einem Mangel an Egoismus und Selbstsucht leidet. Es ist nicht so, dass die Menschheit im Begriff ist, sich infolge übertriebener Selbsthingabe für den Nächsten ins Verderben zu stürzen. Das Gegenteil ist der Fall. Wer will es bestreiten?

Wir wollen das Kind nicht mit dem Bade ausschütten. Wir wissen, dass es einen gesunden und lebensnotwendigen Selbsterhaltungstrieb gibt. Kein Neugeborenes würde überleben, wenn es seinem Hunger nicht Ausdruck verleihen könnte. Jedes Kind würde seelischen Schaden erleiden, wenn es nicht die Kunst beherrschte, liebende Aufmerksamkeit auf sich zu ziehen.

Die Heilige Schrift setzt Selbstliebe voraus, gebietet sie sogar: „Du sollst deinen Nächsten lieben wie dich selbst!" Würden wir es doch nur verstehen, uns selbst zu lieben! Wir würden uns Verdruss, Schmerzen und Leid ersparen.

Die Liebe zu uns selbst ist in der Heiligen Schrift der Liebe zum Nächsten nebengeordnet. Beides aber steht unter dem Obersatz „Du sollst Gott lieben von ganzem Herzen, von ganzer Seele, von ganzem Gemüte – und dann deinen Nächsten wie dich selbst" (Lukas 10,27). Sobald der Obersatz „Gott von ganzem Herzen lieben" wegfällt, wird die Selbstliebe zum Obersatz, gerät außer Kontrolle, aus Gottes Kontrolle. Sie verwildert. Selbstliebe ist etwas Wunderbares. Eine hohe Kunst ist es, sich selbst zu lieben. Sie gedeiht jedoch nur unter dem Wollen und Verlangen, Gott über alle Dinge zu lieben. Eine von Gott gelöste Selbstliebe ist Selbstbetrug, endet in Selbstzerstörung. Das gilt sowohl für die Gesamtheit unserer Welt als auch für unser persönliches Schicksal.

5. VOM GEHEIMNIS DES GLAUBENS

„Was keiner jemals gesehen oder gehört hat, was keiner je für möglich gehalten hat, das hält Gott für die bereit, die ihn lieben. Uns aber hat Gott sein Geheimnis bekannt gemacht. Sein Geist, den er uns gab, hat es uns enthüllt. Denn dieser Geist erforscht alles, auch die geheimsten Gedanken Gottes. Wie die Gedanken eines Menschen nur seinem eigenen Geist bekannt sind, so weiß auch nur der Geist Gottes, was in Gott vorgeht. Wir aber haben nicht den Geist dieser Welt erhalten, sondern den Geist, der von Gott kommt. Darum wissen wir, was Gott für uns getan hat. Wenn ich davon rede, schöpfe ich nicht aus menschlicher Weisheit, sondern gebe weiter, was der Geist Gottes mich lehrt. So erschließe ich mit Hilfe des Geistes die Geheimnisse Gottes. Wer sich auf seinen eigenen Verstand verlässt, lehnt ab, was der Geist Gottes enthüllt. Es kommt ihm unsinnig vor, er kann damit nichts anfangen, weil man es nur mit Hilfe des Geistes begreifen kann." (1. Korinther 2, 9-14, Die Gute Nachricht)

Wir lesen hier von einem Geheimnis, das nicht einfach auf der Straße liegt: der Wahrheit des christlichen Glaubens. Da ist etwas wie ein schützender Mantel um seinen Kern gelegt. Niemand kann aus eigenem Vermögen in ihn eindringen. Es ist offensichtlich: Menschliche Willkür hat keinen Zugang zur Wahrheit. Menschliche Weisheit und Größe stehen vor verschlossenem Tor. Da hilft kein Rütteln, kein sich-dagegen-Stemmen. Da ist ein anderer, „der auftut, und niemand schließt zu, der zuschließt und niemand schießt auf" (Offenbarung 3,7).

Hängt es also an göttlicher Willkür, ob aufgetan wird oder nicht? In keiner Weise. Gott hat lediglich festgelegt, wie man Zugang zu seiner Wahrheit findet. Jemand, der den von Gott gewiesenen Weg zur Wahrheit nicht geht, darf sich nicht wundern, dass er ins Leere stolpert, dass er zu keinem positiven Ergebnis kommt.

Überall in unserer Welt ist dieses Prinzip vorgebildet: Wer eine Metall-Legierung erkennen möchte mit den Mitteln und Methoden, mit denen man eine Holzart bestimmt, hat ein Nullergebnis zu erwarten. Das Metall schreibt den Weg vor. Daran muss man sich halten – oder man steht vor dem Nichts.

Woran muss man sich halten, um Zugang zum Glauben, zur Wahrheit Gottes in Jesus Christus zu bekommen? Welchen Weg schreibt Gott vor?

Da ist eine durch und durch wissende Welt. Menschlicher Geist und Intellekt haben Erkenntnisse zutage gefördert, von denen man früher nicht einmal träumte. Wir durchschauen Teile des Universums mit unseren Teleskopen. Und mit Elektronenmikroskopen haben wir Einblicke in die Tiefe des Mikrokosmos, dessen Schönheit und Ordnungen betörend sind. Unser Wissen ist ins Unermessliche gestiegen. Da ist kein Geheimnis – so scheint es – das wir nicht gelüftet hätten oder noch lüften werden. Dem Auge des Menschen bleibt scheinbar nichts verborgen. So leben wir denn auch in dem Gefühl, dass es nichts Bedeutendes geben könnte, das uns entgeht.

Jedoch, das Wesen der Welt, den göttlichen Hintergrund seines Lebens, fasst der Mensch nicht ins Auge. Dafür ist er blind, als fehle ihm jeder Sinn, jedes Organ für das Geheimnis Gottes. Je wissender wir uns wähnen, umso mehr verlieren wir uns im Wahn, dass es ein „Jenseits unseres Horizontes" nicht gibt. Welch eine Verengung des menschlichen Geistes!

Es gibt jene bewegende Szene im Neuen Testament: Angesichts der Blindheit der galiläischen Städte für Gottes Geheimnisse steht Jesus da, betet und lobt Gott. „Zu der Zeit antwortete Jesus und sprach: Ich preise dich, Vater und Herr des Himmels und der Erden, dass du solches den Weisen und Klugen verborgen hast und hast es den Unmündigen offenbart. Ja, Vater, denn es ist also wohlgefällig gewesen vor dir. Alle Dinge sind mir übergeben von meinem Vater; und niemand kennt den Sohn, denn nur der Vater; und niemand kennt den Vater, denn nur der Sohn und wem es der Sohn will offenbaren" (Matthäus 11,25-27).

Das ist Gottes Souveränität! Er hat es nicht nötig, sich bei menschlicher Größe und Weisheit anzubiedern. Der Unmündige, der nach Gott fragt, anstatt seinen Mund frech gegen den Himmel zu erheben, erhält Offenbarung. Dem Demütigen, der Gott in sein Leben hineinreden lässt, ohne sich vor ihm herauszureden, wird Gottes Geheimnis enthüllt.

Die erste Voraussetzung zur Erkenntnis der Wirklichkeit Gottes ist die Demut, die noch mit Geheimnissen rechnet. Gottes unsichtbare Welt, das Glaubensgeheimnis, ist mit irdischen Mitteln nicht zu lüften. Es ist ein anderer, der den Vorhang wegzieht: Gott selbst! Ohne seine Offenbarung bleiben oft vernommene geistliche Worte leer, dogmatische Wahrheiten werden als stumpf empfunden, angelernte Bibelsprüche als phrasenhaft.

Wie aber kommt es zur Offenbarung? „Was keiner jemals gesehen oder gehört hat, was keiner jemals für möglich gehalten hat, das hat Gott für die bereitet, die ihn lieben" (1. Korinther 2,9).

Hier klingt es an! Wir sind dem Geheimnis auf der Spur: Gott hat es denen bereitet, die ihn lieben.

Es hat einmal jemand gesagt: „Die Menschen muss man verstehen, um sie zu lieben. Gott aber muss man lieben, um ihn zu verstehen." Es ist wahr, man kommt zu keinem Einblick in Gottes Geheimnis, ohne sich ihm liebend zu nähern und zu öffnen. Die Liebe zu Gott ist es, die uns alles erschließt. In dem Maße, wie wir Gott lieben, öffnet er sich uns.

Nicht zuletzt damit hängt es zusammen, dass Jesus den gesamten Gotteswillen an uns in dem Gebot zusammenfasst, das wir das „Doppelgebot der Liebe" nennen: „Du sollst Gott, deinen Herren, lieben von ganzer Seele, von ganzem Gemüte und von allen deinen Kräften. Das andere ist dies: Du sollst deinen Nächsten lieben wie dich selbst" (Markus 12,30-31).

Gott über alles lieben – das ist der Schlüssel zu seinen Geheimnissen. So finden wir Zugang zu dem Glauben, der höher ist als alle Vernunft.

Wer aber will von sich sagen, er liebe Gott über alles und seinen Nächsten wie sich selbst? Ist das nicht ein Anspruch, unter dem jeder, der oder die ihn ernst nimmt, zerbrechen muss? In der Tat, die menschliche Natur ist hier überfordert. Aber – es ist ein Geheimnis um den christlichen Glauben. In ihm wird nichts verlangt, was Gott nicht vorher gibt: „Darin besteht die Liebe: nicht, dass wir Gott geliebt haben, sondern dass er uns geliebt hat und gesandt seinen Sohn zu Versöhnung für unsere Sünden" (1. Johannes 4,10).

Die Voraussetzung zu lieben hat Gott geschaffen, indem er uns in seinem Sohn seine Liebe schenkt. „Unsere" Liebe zu Gott und den Mitmenschen kann nur als Widerspiegelung seiner Liebe zu uns verstanden werden.

Ohne den Schlüssel der Liebe hat niemand Zugang zum Herzen eines Menschen. Jedes Herz bleibt verschlossen, wenn wir diesen Schlüssel nicht finden. Genauso ist es mit Gott. Der Schlüssel zum Herzen Gottes ist die Liebe zu ihm. Das aber ist das Wunderbare: Gott gibt uns diesen Schlüssel selbst in die Hand, und das andere Wunder ist dies: Dieser Schlüssel, der zum Herzen Gottes passt, passt auch zum Herzen der Menschen. Der Schlüssel der Liebe, den Gott uns schenkt, ist der „Generalschlüssel" zu allem, was wesentlich ist.

Vor allem gilt: Ohne Liebe zu Gott gibt es keine Offenbarung Gottes. Die Liebe zu ihm kann immer nur Echo sein, Antwort auf die Tatsache: „Gott hat uns geliebt und gesandt seinen Sohn zur Versöhnung für unsere Sünden."

In dem Maße, wie wir uns der Liebe Gottes öffnen, können wir Gott lieben. In dem Maße, wie wir Gott lieben, erfahren wir, wer Gott ist.

Warum öffnen wir uns der Liebe Gottes nicht?

Es beginnt damit, seinen Liebeserklärungen das Ohr zu öffnen, seine Liebesworte wahrzunehmen. Das Gleichnis „vom guten Vater", das wir das Gleichnis vom „verlorenen Sohn" nennen, ist für mich bis heute Musik in den Ohren. Es steht in Lukas 15,11-32. Lesen Sie es sich doch selbst mehrmals laut vor.

Wir können jetzt schon wissen: Angesichts der Ewigkeit, angesichts des Gerichtes, dem wir entgegengehen, verstummen alle aufdringlichen und lauten Wichtigkeiten. Vieles, was uns so sehr in Schach hält, erweist sich als wesenlos und unsinnig. Vieles Jagen und Plagen offenbart sich als inhaltslos und leer. Viel Lärm entlarvt sich als Lärm um nichts, „große" Aufregung als kleinlich. Dann wissen wir: Es wäre besser gewesen, wir hätten uns der Ewigkeit bei Lebzeiten zugewandt, weil nur das wirklich zählt.

Der Ewigkeit zugewandte Leute tragen Gottes Segen hinein in die Zeit zu den Menschen, denen es an entscheidender Hilfe mangelt. Es ist also nicht nur um unsertwillen wichtig, dass wir uns der Liebe Gottes anvertrauen. Es ist um der Menschen willen wichtig, denen wir die empfangene Liebe weiterzugeben haben. Es gilt, sich der Liebe

Gottes anzuvertrauen, solange wir in dieser Welt unterwegs sind.

Jetzt sind wir unterwegs. Jetzt ist die gute Zeit, in der es Gottes Liebe zu ergreifen gilt. Unsere Zeit steht uns nicht endlos zur Verfügung. Unsere Tage werden jeden Tag weniger. Die Gelegenheiten zum Heil vermehren sich nicht, sie verringern sich. Jetzt gilt es, alles zu ergreifen, oder es geht alles verloren. Wir sind verloren, wenn wir dem Heil widerstehen. Es gilt in diesen Dingen nicht, was die Menschen darüber denken, sondern was Gott darüber sagt.

Gottes Liebe ist nicht billig. Sie stellt uns vor eine teure, ernste Wahl. Gottes Liebe besteht nicht aus bloßen Gefühlen oder leeren Worten, sondern aus einer unfassbaren Tat: „Er hat gesandt seinen Sohn zur Versöhnung für unsere Sünden" (1. Johannes 4,10b).

Was heißt das?

Feinde müssen versöhnt werden. Jenes sentimentale Gerede, dass wir Menschen alle Gottes Kinder seien, ist nicht wahr. (Es steht nicht bei uns, darüber zu befinden.) Die Heilige Schrift sagt, dass jedes „Auf-sich-selbst-fixiert-Sein", jede „fleischliche Gesinnung" Feindschaft gegen Gott ist (Römer 8,3-8). Wir haben uns durch Ungehorsam selbst zu Feinden Gottes gemacht.

„Gottes Zorn ist offenbart über alle Ungerechtigkeit der Menschen." (Römer 1,18)

Das sind keine religiösen Gedankenspielereien. Unser gegenwärtiges Weltelend ist ein Resultat menschlicher Gottesferne. Der Zorn Gottes liegt schwer auf unserer Welt und auf unserem

Jahrhundert. Auch viel persönliche Not und Verzweiflung haben ihre tiefste Ursache in unserer Gottlosigkeit.

„Zorn Gottes" ist ein erdrückendes Wort. Was ist damit gesagt?

Wir können nur menschlich über göttliche Dinge reden. Zorn Gottes bedeutet: Ich lebe, doch mein Leben ist sinnlos. Ich atme, doch jeder Atemzug trägt mich dem Gericht entgegen. Ich sorge mich, aber es nützt mir nichts. Ich tue Gutes, es hilft mir nichts. Ich freue mich, aber am Ende werde ich in einem Tränenmeer ersticken. Unter dem Zorn Gottes sein, heißt dahingegeben sein an ewige Verzweiflung, ewige Trostlosigkeit, ewigen Schmerz. Jetzt schon unter der schweren Wolke zu sein mit der Aussicht, nie die Sonne zu sehen – das ist Zorn Gottes. Unter ständiger Anklage zu stehen und keine Entschuldigung zu finden – das ist Zorn Gottes. Zorn Gottes, das ist unerträgliche Hochspannung, weil das Leben jetzt schon aussichtslos dem Verderben überantwortet ist. Zorn Gottes, das heißt, einmal wird uns die Hochspannung treffen wie ein versengender Blitz. Wir werden brennen. Es ist schrecklich, unter Gottes Zorn zu stehen, zu Gottes Feinden gerechnet zu werden.

Nun aber vernimmt diese Welt das Wort von der Versöhnung.

Es ist das Wort, das von Gottes Liebe spricht. Paulus nennt es das Wort vom Kreuz, das da rettet alle, die ihm vertrauen.

Was ist geschehen? Wodurch wendet sich das Blatt? Da fällt jemand dem Zorn Gottes in den Arm.

Da schreit jemand nach Barmherzigkeit – nicht für sich, sondern für mich. Das ist geschehen.

„Denn Gott hat der Welt seine Liebe dadurch gezeigt, dass er seinen einzigen Sohn für sie hergab, damit jeder, der an ihn glaubt, das ewige Leben hat und nicht verloren geht" (Johannes 3,16).

Ein Erlebnis mit Konfirmanden werde ich nie vergessen.

„Könnt ihr euch vorstellen, dass eines eurer Geschwister etwas Böses getan hat?", fragte ich. Sie nickten lebhaft. „Könnt ihr euch weiter vorstellen, dass euer Vater dahinterkommt und der Schuldige mit einer sehr harten Strafe rechnen muss?" Auch das war vorstellbar, wie sie grinsend versicherten.

„Könnt ihr euch vorstellen, dass ihr nun zu eurem Vater geht und sagt: ‚Vater, ich habe meinen Bruder, meine Schwester so lieb. Bitte, strafe doch nicht!'?"

Vielsagendes Grinsen. Ich fuhr fort: „‚Nein, ich muss hart strafen', sagt der Vater. ‚Ich habe diese Sache unter Strafandrohung verboten. Nun, wo sie passiert ist, muss ich zu meinem Wort stehen!'"

„Könnt ihr euch vorstellen", fragte ich, „dass ihr zu eurem Vater sagt: ‚Vater, wenn du schon zu deinem Wort stehen musst, kannst du nicht mich die Strafe erleiden lassen für meinen Bruder oder meine Schwester? Bitte strafe mich stellvertretend für ihn oder sie. Bitte, Vater!' Könnt ihr euch das vorstellen?"

Etwas Eigenartiges geschah. Die 12- bis 14-Jährigen lachten schallend los, fassten sich an den Kopf, schlugen mit der flachen Hand auf ihre Tische.

„Nie im Leben!", rief einer, „nie im Leben!"

„Jeder muss seine Suppe selbst auslöffeln", meinte ein Mädchen.

„Da müsste ich ja schön dumm sein!", platzte einer heraus. Er wusste nicht, dass er damit ein Grundempfinden der Menschen herausgeschrien hatte.

„Das Wort vom Kreuz", sagt Paulus, „ist eine Torheit denen, die verloren gehen" (1. Korinther 1,18). Das Wort vom Kreuz ist das Wort von der Liebe Jesu, der an unserer statt Gottes Zorn, sein Gericht auf sich nimmt. Das aber ist den Menschen eine Torheit, zu Deutsch: Dummes Zeug!

„Da müsste ich ja schön dumm sein!" So ist unter uns Menschen zu allen Zeiten empfunden worden. Davon aber leben die Menschen, dass der Sohn Gottes so dumm war im Sinne dieser Welt. Er tat, worüber selbst unsere Kinder nur lauthals lachen können.

Das gehört mit hinein in das Geheimnis des Glaubens: Der, dem alle Ehre gebührt, trägt alle Schmach. Er, dem aller Glanz gebührt, trägt allen Schmutz. Er, dem alle Anbetung gebührt, lädt auf sich unseren Fluch.

Wer will dieses Geheimnis ergründen? Wer will diese Liebe verstehen? Hier kann der Mensch nur still werden, staunen, anbeten – und wieder still sein.

„Welch eine Liebe hat uns der Vater erzeigt!" (1. Johannes 3,1). Alle Strafe, die uns treffen müsste, geht auf Gott selbst nieder. Da, wo wir getroffen werden sollten, wird getroffen. Der Zorn Gottes entleert sich auf ihn. Er zahlt für unsere Schuld mit seinem Leben. Was heißt das für mich?

Die Wolke des Zornes Gottes zieht vorüber. Ich darf die Sonne seiner Liebe spüren, den blauen Himmel seiner Barmherzigkeit sehen. Ich muss keinen Ängsten mehr ausgesetzt sein, darf mich von Herzen freuen. Alles bekommt einen tiefen Sinn. Selbst Leiden und Schmerzen dienen zum Besten, weil das Beste bevorsteht. Unser Leben kommt unter eine beglückende Befreiung. Nun kann ich leben, frei vom Gesetz der Sünde und des Todes. Die Schuld ist gesühnt, die Strafe erlitten, der Tod gestorben. Ich bin versöhnt. Ich darf leben, und das alles durch ein freies, göttliches Geschenk.

Das ist es, was wir „Gnade" nennen. Ein kleines Wort ist es nur, aber unsere ewige Seligkeit ist in ihm beschlossen.

Bin ich wirklich versöhnt? Ja, ich bin es wirklich: „Gott war in Christus und versöhnte die Welt mit ihm selber" (2. Korinther 5,19).

Diese Gottes-Liebe machte sich auf den Weg durch die Jahrhunderte. Sie wird durch glaubende Menschen an jene herangetragen, die es nicht wissen. In der Bezeugung der Liebe Gottes durch Menschen, die ihr ergeben sind, schafft sich Gott die Stimme, die jedem zuflüstert: Ich habe dich lieb!

So menschlich kommt Gott zu Wort, dass er auch durch diese wenigen Zeilen seine Stimme erhebt, seine Wahrheit Ihnen, dem Leser, Ihnen, der Leserin sagt: „Ich habe dich lieb!" Hier gilt es zu verweilen. Diesen schlichten Satz Gottes gilt es, persönlich zu nehmen und zu hören: „Ich habe dich lieb!"

Wagen Sie doch jetzt etwas Besonderes. Fragen Sie mit lauter oder leiser Stimme dort, wo Sie dieses jetzt lesen:

„Gott, hast du mich wirklich lieb? Zeig es mir! Berühre mich! Öffne mich!"

Solche Worte mit aufrichtigem Herzen gesagt sind nicht in den Wind gesprochen, sondern in Gottes Ohr und Herz.

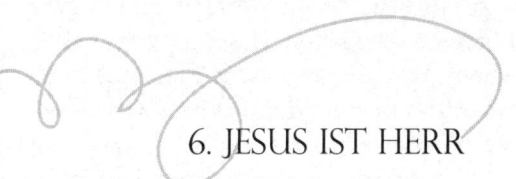

6. JESUS IST HERR

Gottes Gnade bringt mich unter Gottes Herrschaft. Die Herrschaft Gottes macht uns nicht arm. Sie nimmt uns unsere Erbärmlichkeit, unsere Jämmerlichkeit, unsere Armut, die sich mit so vielen billigen Dingen zufrieden gab.

Gottes Herrschaft über uns macht reich.

„Gottes Herrschaft", das klingt in unseren Ohren wie eine unangenehme, fremde Sprache. Es sagt denen nichts, die nie etwas anderes gedacht und gelebt haben, als dass sie selbst ihre eigenen Herren sind.

Unser Weltempfinden macht uns weis, dass alle Herrschaft in unserem Leben uns selbst gebührt.

Sie haben eine traurige Berühmtheit erlangt, jene Frauen, die sich, Kindermord im Mutterleib propagierend, durch deutsche Straßen bewegten. „Mein Bauch gehört mir!", stand auf ihren Plakaten. Alle sollten es sehen, alle sollten es wissen. Als ob es nicht schon alle gewusst hätten, als ob es nicht schon alle geglaubt hätten! Hier sprach sich ja unsere allgemeine, weltweit bekannte Meinung aus. „Mein Bauch gehört mir!", heißt schlicht: „Mein Leben gehört mir." Wenn mein Leben mir gehört, kann ich damit tun und lassen, was ich will; so schließen wir mit selbstzerstörerischer Logik.

Gehören wir uns wirklich?

Haben wir uns selbst entworfen? Haben wir uns selbst gemacht? Haben wir uns das Leben selbst gegeben? Davon kann nicht die Rede sein. Wir sind Eigentum dessen, der uns geschaffen hat. Was wir fest in unserem Besitz geglaubt haben, hat uns nie wirklich gehört. „Unser" Leben ist Gottes Eigentum, das wir ihm – vielleicht bis zur Stunde? – vorenthalten haben. Gott hat es sich nicht einfach wiedergenommen, was sein Recht gewesen wäre. Er hat geduldig gewartet, ob wir ihm wohl endlich übergeben, was ihm gehört. Ein von Gott geschaffenes Leben und Dasein haben wir. Es ist uns eine kurze Weile anvertraut. Wir aber haben es an uns gerissen, als seien wir die Besitzer unserer selbst.

Mein Bauch gehört mir? Nicht einmal ein Haar gehört mir wirklich. Nichts ist an mir, das ich nicht empfangen habe. Alles ist eine Leihgabe, die ich dem Geber zurückzugeben habe. Ich stehe in seiner Verantwortung mit meinem Leben, das ich von ihm empfing. Betrachte ich eine Leihgabe als meinen Besitz, über den ich selbstherrlich verfüge, werde ich schuldig. Ich bin dem Eigentümer gegenüber zum Dieb geworden. Das ist es, was die Bibel Sünde nennt: Wir haben Gott sein Eigentum vorenthalten, haben uns selbst unserem Schöpfer aus den Händen gerissen.

Da nutzen nun auch die vereinzelten guten Taten nichts, die wir gerne gegen solche Anklage ins Feld führen. Unsere Sünde besteht ja nicht in einigen Verfehlungen. Sie besteht in der grundsätzlichen Verfehlung der Wahrheit, dass Gott der Herr unseres Lebens ist.

Diese Welt und die Menschheit gehören ihm von Anfang an. „Im Anfang schuf Gott Himmel und Erde!" (1. Mose 1,1). Hierin ist das Eigentumsrecht Gottes auf uns für alle Zeiten festgeschrieben. Wer will es ihm streitig machen? Wir können Gottes Rechte nur anerkennen und dementsprechend leben – oder aber uns nur tief ins Unrecht setzen.

Hier wird also eine andere Seite des Evangeliums aufgezeigt: Wer sich der Glaubenswirklichkeit nähert, muss lernen, radikal umzudenken. Da werden alte Denkgewohnheiten und Vorstellungen nicht nur in Frage gestellt. Sie werden mit ihren Wurzeln herausgerissen. Der Mensch, der es gewohnt war, alles von sich aus zu sehen und zu beurteilen, wird genötigt, an die Seite zu treten. „Gott ist in der Mitte!" Das ist die grundsätzlich andere Wirklichkeitssicht. Unser großes Ich wird gegen den Strich gebürstet. Wen wundert es, dass es sich windet und wendet und jede mögliche Ausflucht suchen möchte! Es kann ihm nur scheinbar gelingen.

„Gott ist in der Mitten!" Alles ist sein eigen. Alles ist auf ihn bezogen. Alles ist von ihm und auf ihn hin geschaffen. Er ist der Anfang aller Dinge. Er wird auch das Ziel aller Dinge sein. Ihm gebührt alle Ehre. Ihm allein gebührt der erste Platz im Leben eines Menschen.

Jesu erstes Wort, das er nach der Überlieferung verkündigend spricht, lautet: „Kehrt um, denn das Himmelreich ist nahe herbeigekommen!" Kehrt um, das heißt zunächst: „Denkt um!" Von Natur aus vergänglicher Staub sind wir plötzlich zu Kindern Gottes berufen, denen Ewigkeit gegeben ist.

Welch eine Aufwertung des Menschen unter der Herrschaft Gottes!

Will der Mensch groß sein ohne Gott, wird er jammervoll klein, stellt er sich aber unter Gott, wird ihm dessen Größe und Schönheit zuteil.

Herrlichkeit liegt im Glaubensgeheimnis verborgen. In der Beugung unter den gekreuzigten und auferstandenen Christus wird dem Menschen das Schönste zuteil, was es für ihn zu empfangen gibt. Das haben die Gläubigen der ersten Christenheit froh erkannt und sich nicht entgehen lassen. Ihren Glauben, das neue Wesen ihres Lebens, haben sie genial in denkbar knappen Worten ausgedrückt: „Jesus ist Herr!" Damit war alles gesagt.

„Jesus ist Herr", das ist das älteste Bekenntnis der Christen. Wir haben alle Herrschaftsansprüche über uns selbst aufgegeben, heißt das zunächst. Hier spricht sich nicht nur eine dogmatische, sondern vor allem eine gelebte Wahrheit aus. „Jesus ist Herr", darin zittert großes Staunen, darin klingt tiefe Freude auf. Das bekennt der Mensch, der weiß, dass ihm alles Herrschen über sich selbst abgenommen ist. Das bekennt der, der endlich sieht, dass die eigene Selbstherrlichkeit Verderben bringt, dass der eigene Wille, gegen Gott durchgesetzt, in Verlorenheit mündet. „Jesus ist Herr" bedeutet: „Ich bin es nicht und will es nie mehr sein!" Unter Jesus Herrschaft ist der Mensch geborgen und froh in Zeit und Ewigkeit!

Er hat dem Versucher im Tiefsten widerstanden. Dieser hatte suggeriert: „Macht, was ihr wollt! Seid selbst eure Herren! Ihr werdet sein wie Gott!"

(siehe 1. Mose 3,7). Dass das Ende solcher Götterherrschaft des Menschen in entsetzlicher Zerstörung seiner selbst bestehen würde, hat die Schlange verschwiegen. (Bedenke, wie allein in diesem Jahrhundert der Mensch mit dem Menschen umgegangen ist und immer noch umgeht.)

„Jesus ist Herr" – das befreit den Menschen von seinen ihm innewohnenden Zerstörungskräften. Das stellt uns in Verantwortung unter die befreiende Herrschaft göttlicher Liebe.

Die größte Weisheit liegt in diesem Bekenntnis. Es geht darum, die Wahrheit wahr sein zu lassen, sie tief in das eigene Leben zu ziehen, Leib, Seele und Geist daran zu binden. Der Wahrheit die Ehre geben, das ist es! Darin ist der Mensch emporgehoben zu dem Wert, den allein die Liebe Gottes ihm verleiht.

Ohne den Willen zum Gehorsam in den Anfängen des aufkeimenden Vertrauens gibt es keine Offenbarung der Wahrheit, gibt es keinen Glauben. Es gibt kein Spiel mit der Wahrheit. Glauben ist Lebenshingabe. Glaube ist Gehorsam. Glaube ist Herrschaftswechsel. Es geht um einen letzten Ernst.

7. HILFEN ZUM GLAUBEN

„Wen dürstet, der komme; und wer da will, der nehme das Wasser des Lebens umsonst."
(Offenbarung 22,17)

Der Durst nach dem Leben bringt uns um, wenn wir nicht zu dem gehen, der ihn stillt. Wir sind erfüllt mit Sehnsucht nach dem Leben. Wie ein Durst ist das, der durch nichts in der Welt zu stillen ist.

Gottes Sohn aber steht da, mitten unter den Dürstenden, und sagt: „Ich bin das Leben, ich bin die Erfüllung eurer Sehnsucht!" Und diese Erfüllung – unglaublich ist es fast – gibt es gratis. Das, was Jesus Christus zu geben hat, ist wesentlich, entscheidend, erforderlich für Zeit und Ewigkeit. Alles hängt an dieser Gabe, und diese Gabe ist - kostenlos. Was er gibt, kostet uns nichts. Er hat bezahlt. Er hat die Rechnungen beglichen, die wir gemacht haben. Er hat mit seinem Leben bezahlt. So teuer ist die Gabe, um die es geht. Aber weil er bezahlt hat, haben wir sie – kostenlos.

Erfüllung, die er schenkt, ist vollständige Erfüllung. Bloße Befriedigung unserer Wünsche ist dagegen nur „Erfüllung" auf Zeit und mit Kosten verbunden.

Wer sich satt gegessen hat, verspürt bald, dass der Hunger wieder nagt. Er muss erneut Nahrung zu sich nehmen. Die aber kostet etwas.

Vielen wird die alte Wohnung zu klein. Sie haben den Wunsch, ein Haus zu besitzen. Da gilt es, viel einzusetzen an Mühe, Schweiß, Arbeit und Geld. Viele Leute zahlen Jahrzehnte daran. Jemand hegt seit langem den Wunsch, eine Weltreise zu machen. Endlich hat er die Gelegenheit. Das ist schön. Aber er wird feststellen, dass das sehr teuer ist.

Es gibt wenig Dinge, die wir uns leisten möchten, die nichts kosten. Aus der Erfahrung resultiert wohl der galgenhumorige Satz: „Nichts ist umsonst außer dem Tod. Aber der kostet noch die Beerdigung."

Nun, ich wüsste noch einiges, wofür wir nichts zu bezahlen brauchen: die Stille des Waldes, die der Wanderer gratis genießen kann; die Schönheit der Feldblume, die wir bewundern können, ohne dass es Kosten verursacht. Da ist das Lachen eines kleinen Kindes. Welch eine Freude kann das auslösen – und solche Freude kostet nichts.

Die wirklich schönen Dinge kosten nichts. Das ist das eine. Und das andere: Wir können sie nicht machen. Die Stille des Waldes können Menschen nicht machen. Sie können sie nur kaputtmachen. Die Schönheit einer Feldblume wurde nie im Konstruktionsbüro entworfen. Sie ist von Menschenhand nicht machbar. Menschenhand ist lediglich in der Lage, sie zu pflücken und sie damit zu vernichten. Die Fröhlichkeit eines Kinderlachens hat kein Mensch erdacht oder erschaffen. Wir sind auch da viel eher in der Lage, zu stören oder zu zerstören.

Seltsam, die wirklich schönen Dinge können wir nicht machen. Sie sind ohne unser Zutun da.

Und die wirklich schönen Dinge sind stets kostenfrei. Sie sind geschenkt, gratis, „sola gratia", ganz aus Gnaden. Man darf sie nehmen, empfangen, darf sich daran freuen – kostenlos.

In diesen Eigenschaften des Schönen leuchtet der Charakter Jesu wie ein zartes Licht. Der Schönste ist Christus selbst. Er ist das „Wasser des Lebens" (Offenbarung 22,17).

Das Schönste ist von Menschen nicht machbar, und es ist kostenlos. Jedem ist es angeboten. Keiner kann sagen, die Dinge seien ihm zu hoch. Jesus hat sich so tief gebeugt, dass er dem Niedrigsten am nächsten ist. Keiner kann sagen, es sei ihm zu teuer. Ewiges Leben gibt es kostenlos.

Aber man muss doch sein Leben Gott ausliefern. Das ist doch ein hoher Preis, – oder? Davor schrecken viele zurück.

Wir geben nur jenes „Ich" in Gottes Hand, das uns zerstören würde, wenn wir es selbst in der Hand behielten. Unser altes Leben ist es nicht wert, so ängstlich festgehalten zu werden. Es ist doch ein einziges Bankrottgeschäft vor Gott. Wir haben ein Schuldkonto zu verlieren, um ewigen Reichtum zu gewinnen. Wer das erkannt hat, weiß, dass es nichts Schöneres gibt.

„Wen dürstet, der komme, und wer da will, der nehme das Wasser des Lebens umsonst" (Offenbarung 22,17). Alle Gnade Gottes, alle überfließende Liebe, alle Zuwendung liegen in jenem „Kostenlos". „Wen da dürstet, der komme, und wer da will, der nehme ..." Man kann also kommen und nehmen – das Wasser des Lebens.

Wenn ein Geschenk angeboten wird, steht eine Frage im Raum. Sie ist an den Willen des Beschenkten gerichtet. Darum heißt sie auch schlicht: Willst du das? Willst du das Geschenk annehmen – oder willst du es nicht?

Von Gott aus ist alles getan. Jesus Christus hat alles vollbracht, alles bereitgestellt, was zu unserer Seelenseligkeit dient. Nun heißt es nur noch: „Wer da will, der nehme."

Willst du das? Alles ist bereitet. Nichts kann der Mensch dazu tun. Selbst wenn Vertrauen zu Christus aufkeimt, geschieht das, weil Gottes Wort zu uns gesprochen hat. Alles ist uns von Gott in Christus zugeeignet.

DIE PERSÖNLICHE ANEIGNUNG JEDOCH GESCHIEHT IM WILLEN DES MENSCHEN.

Dieser Wille ist von Natur aus gegen alles, was geistlich ist. Er ist Gott gegenüber unwillig und widerspenstig. Es ist darum das Wunder schlechthin, wenn solch ein widerspenstiger Wille sich wandelt, d. h. anfängt, auf Gott zu hören, nach Gott zu fragen und schließlich – Gott zu wollen.

Dieses Wunder geht vom Geist Gottes aus. Sein Wort und Geist bewirken es, so dass aus widerspenstigen, unwilligen Leuten willige Menschen werden. Kraft des so verwandelten Willens gilt es, Gott nun auch zu wollen, einschließlich aller weiteren Veränderung, die sich daraus noch ergibt.

Jemand hat den wahren Satz gesagt: „Gott liebt uns, wie wir sind, aber er liebt uns zu sehr, um uns so zu lassen." Diese Veränderung durch Gott müssen wir wollen. Darum sagt Jesus: „ ... wer da will, der nehme!"

Wie kann man kommen und nehmen?

Man kann es durch eine persönliche Lebenshingabe an Jesus Christus. Das geschieht am besten in einem Gebet. Es kann sehr einfach sein. Entscheidend sind nicht schöne Worte, sondern die Bereitschaft des Herzens und des Willens.

Das Gebet könnte etwa so lauten:

„Lieber Vater im Himmel, ich habe deinen Willen vernommen. Du erlöst mich von meiner Schuld. Ich bekenne dir meine Sünden und bitte dich um Vergebung. Du willst, dass dein Sohn Jesus Christus die Herrschaft übernimmt in meinem Leben. Darum nehme ich Jesus Christus als meinen Herrn und Erlöser an. Sein Wille soll in meinem Leben gelten. Ich will nicht mehr mir selbst, ich will Jesus gehören. Danke, Vater, dass ich nun für alle Ewigkeit dein Eigentum bin. Herr Jesus, sei mein Herr! Heiliger Geist, fülle und leite mich! Danke, Amen."

Wer ernsthaft so betet, darf gewiss sein: Gott übernimmt, was wir ihm geben, unsere Schuld. Jesus Christus sagt: „Wer zu mir kommt, den stoße ich nicht hinaus" (Johannes 6,37).

Wer Christus in sein Leben aufnimmt, dem wird die Vollmacht gegeben, Gottes Kind zu sein. In Christus sind wir mit Gott versöhnt. Aus Feinden Gottes werden Kinder Gottes. Seine Kinder sind seine Erben, sagt die Schrift. So darf ich mit Jesus Christus Gewissheit des ewigen Lebens empfangen.

Das Neue Testament spricht deutlich davon, Christus aufzunehmen oder anzunehmen (Johannes 1,12; Kolosser 2,2). Martin Luther nimmt das auf. Er beschreibt dieses ‚Christus aufnehmen' als das entscheidende Hauptstück und den Grund des Evangeliums. Er sagt in seiner Kirchenpostille von 1522:

„Das Hauptstück und der Grund des Evangeliums ist, dass du Christus aufnehmest und erkennest als eine Gabe und ein Geschenk, das dir von Gott gegeben und dein eigen sei ... Das ist das große Feuer der Liebe Gottes zu uns, davon wird das Herz und Gewissen froh, gewiss und zufrieden."

Wir halten fest: Glaube wird gewirkt durch Wort und Geist. Er ist Gottes Werk. Was Menschen sollen, nämlich umkehren, Glauben und Heil ergreifen, können sie nicht auch noch von Gott erwarten. Nachdem Gott alles getan, nachdem er sein Heil gewirkt, angeboten und zugeeignet hat, ist der Mensch herausgefordert, sich die Gottesgabe des Glaubens und des ewigen Lebens auch anzueignen. Das ist der Entscheidungsernst, der keine billige Gnade kennt.

8. KLARSTELLUNGEN

Über den christlichen Glauben gibt es Missverständnisse. Klarstellungen sind darum erforderlich. Viele „glauben" an Gott, wie sie sagen. Schnell aber wird deutlich, dass dieser „Glaube" mit dem des Neuen Testaments wenig gemeinsam hat. Sie glauben lediglich, dass es Gott gibt. Vielleicht sind sie getauft, konfirmiert, gefirmt und christlich getraut. Es ist, als habe Gott einmal an ihre Tür geklopft. Um in diesem Bilde zu bleiben: Sie schauten aus dem Fenster und stellten fest, dass es Gott gibt. Sie sind also nicht wie jene, die die Rollläden zur Gotteswirklichkeit heruntergezogen haben und Gott leugnen. Die Rollläden sind hochgezogen. Sie glauben: „Ja, Gott gibt es."

Sie lassen ihn jedoch draußen stehen, draußen vor der Tür.

Nun stelle ich mir folgendes Gespräch mit einem solchen Menschen vor:

„Glaubst du an Gott?", frage ich. „Na klar, ich bin überzeugt, dass es ein höheres Wesen gibt." – „Aber wo in deinem Leben ist er denn?", frage ich. „Ich weiß, dass du nicht zur Kirche gehst, nicht betest, nicht die Bibel liest, keinen Bibelkreis besuchst … Manchmal machst du sogar deine abwertenden Bemerkungen über Leute, die solches tun. Wenn du an Gott glaubst, dann muss er doch im Hause deines Lebens zu sehen sein."

„Nein, wieso?", bekomme ich zu hören. „Ich glaube an Gott, das genügt, ich bin echt davon überzeugt, dass es ihn gibt. Und du wirst dich vielleicht wundern: Wenn es mir einmal dreckig geht, dann bete ich sogar, dann rufe ich ihn heran. Dann bitte ich Gott um Hilfe." – „Dann machst du gewissermaßen eine Fensterklappe zu Gott auf und sagst: ‚Komm, lieber Gott! Reich mir bitte deine Hilfe herein!'" – „So ist es", sagt mein religiöser Gesprächspartner.

„Und wenn er dir geholfen hat?" – „Dann mache ich das Fenster wieder zu."

„Und wo ist Gott?" – „Nun, der steht dann wieder draußen." (Wo er nach der Meinung solcher „Gläubiger" auch hingehört.)

Das ist kein Glaube. Das ist Unglaube, christlich verbrämtes Heidentum. Das ist die Art von „Glauben", die selbst der Teufel hat. Er weiß auch, „dass es Gott gibt". Er aber hat ihn ebenfalls nicht in sein Leben gelassen. Viele Kirchenchristen haben heute diesen schrecklichen „Glauben". Wer so glaubt, sitzt mit dem Teufel in einem Boot.

Glauben heißt, Gott die Tür zu öffnen, damit er einzieht in unser Leben. Glauben heißt, Jesus Christus alle Räume des eigenen Lebens zur Verfügung zu stellen. Glaube sagt: „Bisher war ich selbst der Herr im Hause. Aber ich will es nicht mehr länger sein. Jesus Christus, sei du jetzt der Herr im Hause meines Lebens. Ich gebe dir die Schlüssel zu allen Räumen, zu allen Schränken, zu allen Kästen, auch zu meinem Portemonnaie. Mein ganzes Leben sei dir hingegeben, dir geöffnet, dir zur Verfügung gestellt, dir geweiht. Dir, deinen Befehlen will ich gehorchen!" Das ist Glaube!

Gott will Wohnung bei uns machen. Wer das nicht will, kann nicht sein Kind sein. Christsein bedeutet nichts anderes, als dass Gott die Herrschaft über uns gewinnt.

Zu einem Herrn Zachäus sagte Jesus: „Heute noch muss ich in deinem Haus einkehren" (Lukas 19,5). Er sagte nicht: „Ich stelle mich heute vor das Fenster deines Lebens, damit du endlich weißt, dass es mich gibt." Stattdessen sagte er: „Ich will in dein Haus einkehren. Ich will mit dir sein. Ich will bei dir sein. Dein Herr will ich sein."

Um die Herrschaft Gottes in unserem Leben geht es. Für viele klingt das erschreckend. Das schadet nichts. Wie gut, wenn dem alten, gottlos-religiösen Ich der Schrecken in die Glieder fährt. Aber eines sei hier klar gesagt:

Das, was den „alten Menschen" in uns erschreckt und in Panik versetzt, ist genau das, was den neuen Menschen hoch erfreut: alles für Jesus! Ein geheiligtes Leben in Gehorsam aus Liebe zu Gott!

Meinen wir wirklich, wir kämen zu kurz bei diesem großen Gott? Meinen wir wirklich, er mache uns arm, dieser reiche Herr?

Es gibt aber noch eine andere Art von gottloser Gläubigkeit. Da sie sich auf Jesus Christus eingelassen hat, ist sie oft schwer als gottlos zu entlarven.

Viele Namens-Christen leben in diesem verkehrten Glauben. Sie lassen Jesus Christus in das Haus ihres Lebens hinein. Dann aber weisen sie ihm nur auf dem „Korridor" einen Platz an. Sie überlassen ihm nur einen kleinen Lebensraum, öffnen ihm nicht alles. Das ist die Halbheit, die andere abstößt und die selbst nie zur Freude des an Gott hingegebenen Lebens gelangt.

In dieser Liebe zu Gott kann es nur um völlige Hingabe gehen. Dann erst ist Christsein Befreiung, Erlösung und Freude. Dann wird Glauben schön.

Was das Gottesverhältnis angeht, gibt es also vier Glaubenshaltungen. Jede der nachfolgenden Skizzen repräsentiert eine der möglichen Einstellungen. Die Leserin, der Leser möge sich fragen, zu welcher sie bzw. er denn gehört.

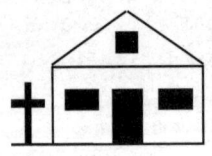

Glaubenshaltung Nr. 1:
„Es gibt keinen Gott!"
Die Rollläden sind heruntergelassen. Der Mensch sieht nur, was er sehen will. Er glaubt, dass es keinen Gott gibt und merkt nicht, dass das auch ein Glaube ist. Christus steht draußen.

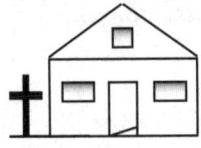

Glaubenshaltung Nr. 2:
„Es gibt einen Gott. Ich glaube an ihn."
Die Rollläden sind geöffnet. Aber wie in Bild 1 ist Gott außerhalb des persönlichen Lebens. In Notfällen wird er herangerufen, damit er durch eine Fensterklappe seine Hilfe hereinreicht. Danach wird die Klappe bis zum nächsten Notfall wieder verschlossen. Christus steht draußen.

Glaubenshaltung Nr. 3:

„Es gibt einen Gott. Ich glaube an ihn und habe Jesus Christus in mein Leben aufgenommen."

Der Mensch lässt ihn aber nur bis in den Korridor seines Lebens. Zu bestimmten Räumen hat Jesus keinen Zutritt. Das ist der fleischliche Christ, der ein Christenleben aus eigenen Kräften leben will. Er schließt Kompromisse mit der Sünde. Sein Christenleben ist ein gequältes Hin und Her. Er versinkt in Ungehorsam und Schuld.

Glaubenshaltung Nr. 4:

„Es gibt einen Gott. Ich glaube an ihn und Jesus Christus ist der Herr in meinem Leben."

Der Mensch hat damit ernst gemacht, dass Christus der Herr ist. Er hat sich ihm zum völligen Liebesgehorsam ergeben. Christus lebt in ihm (siehe Galater 2,20). Das Leben, alle Bereiche, alle Räume sind Jesus Christus geöffnet. Er durchdringt alles. Das ist das herrliche, vom Heiligen Geist erfüllte Christenleben. Aus seiner Kraft lebt der Mensch in neuem Gehorsam. Alles ist neu geworden. Für die Glaubenshaltungen nach den Bildern 1-3 ist das ein schwerer Gedanke. Aber in Wirklichkeit gilt: Es gibt nichts Schöneres! Aber hier soll nicht unerwähnt bleiben, dass auch ein solcher Christ nur aus der Vergebung Gottes lebt. Wir sind Genesende, nie völlig Geheilte.

9. ES GIBT NICHTS SCHÖNERES

Die erste Christenheit hat die Summe des christlichen Glaubens in einem einzigen Wort zusammengefasst: Evangelium.

Es kommt aus dem Griechischen und heißt „gute Meldung, frohe Botschaft". Seinen Sitz im Leben hat dieses Wort im damaligen Kampfesgeschehen: Die Männer zweier feindlicher Parteien führen außerhalb der Stadt einen Krieg. Von Sieg oder Niederlage hängt das Leben der Zurückgebliebenen ab. Sie sind ängstlich gespannt: alte Menschen, Frauen, Jugendliche, Kinder. Sie warten auf den Boten, der die Meldung bringen soll. Schließlich kommt der Läufer angekeucht. Welche Nachricht wird er bringen? Sieg oder Niederlage, Leben oder Tod? Er ruft bereits von ferne. Er ist nicht zu verstehen. Da ist er näher heran. Laut und deutlich vernehmen es die Leute. Sein erstes Wort: „Euangelion!" Die Menschen fallen sich begeistert in die Arme. Evangelium! Gute Meldung! Frohe Botschaft! Wir haben den Sieg!

Die Christen der ersten Zeit haben dieses Wort übernommen und auf das Werk Jesu anwendet. Evangelium von Jesus Christus bedeutet: „Wir haben in Christus den Sieg."

Auf der Seite der Sieger zu stehen, ist schön. Man frage die Kinder. Wer hätte sie nicht schon bei

Wettspielen beobachtet! Jeder möchte, dass seine Gruppe gewinnt. Wie traurig doch die Verlierer sind! Sie kämpfen mit den Tränen. Aber die Sieger – sie hüpfen, springen, singen vor Freude. Es ist unendlich schön, zu den Siegern zu gehören.

Nichts Schöneres aber gibt es, als in den Sieg Jesu Christi hineingenommen zu sein. In ihm überwinden wir den Tod und alle Zerstörungsmächte.

Unsere Gesellschaft sei eine Gesellschaft ohne Tabus, hört man oft sagen. Man darf über alles reden. Dinge, die einst im Verborgenen geschahen, werden ans Licht der Öffentlichkeit gezerrt. Pornografie findet man in unseren Städten an jeder Straßenecke. Prostituierte demonstrieren für ihre Berufsrechte. Jedes Tabu scheint gebrochen. Über alles redet man.

Nur ein Thema klammern wir aus. Man verschweigt es, möchte damit nicht in Berührung kommen. Dieses Thema heißt „Tod". Viele verdrängen jeden Gedanken an ihr Sterben. Anstatt sich auf das Sterben und die Ewigkeit vorzubereiten, tun sie alles, um dieses zu umgehen. Sie fürchten den Tod. Es graut ihnen vor dem Sterben. Unglaube hat eben eine erschreckende Kehrseite: Wer arm an Glauben ist, ist reich an Angst.

Gibt es keine Geborgenheit in dieser sterbenden Welt? Gibt es keinen Trost? Gibt es keinen Ausblick über das Grab hinaus?

Es gibt mehr Geborgenheit, Trost und Ausblick, als wir Menschen je fassen können. In Jesus Christus ist der Tod besiegt. Als er am Kreuz für uns starb, konnte das Grab ihn nicht festhalten. Der

Friedhof war nicht seine Endstation, und unsere wird er auch nicht sein. Jesus lebt in göttlicher Auferstehungskraft. Er stirbt nie mehr. Auferstehung, das ist der Sieg über den Tod. Auferstehung! Wer Christus hat, hat diesen Sieg in sich selbst. Durch Glauben ist sein Sieg in uns anwesend. Nach unserer Auferstehung gilt, was für Jesus Christus gilt: Wir sterben nie mehr!

Jetzt heißt es, die Auferstehungskraft im Glauben zu ergreifen. Ewiges Leben ist nicht eine ungewisse Möglichkeit der Zukunft, sondern gewisse Wirklichkeit der Gegenwart.

Wer Jesus Christus hat, hat das ewige Leben. Das ist das Überraschende, Überwältigende. Alles wird in den Schatten gestellt: Christen dürfen Gewissheit des ewigen Lebens haben! Nicht ihr Gefühl macht ihnen das gewiss, nicht ihr religiöses Engagement. Gottes Wort selbst ist es. „Denn ich bin gewiss, dass weder Tod noch Leben, weder Engel noch Fürstentümer noch Gewalten, weder Gegenwärtiges noch Zukünftiges, weder Hohes noch Tiefes noch eine andere Kreatur uns scheiden kann von der Liebe Gottes, die in Christus Jesus ist, unserem Herrn" (Römer 8,38).

Wir glauben menschlichen Zeugen; aber das Zeugnis Gottes hat ein viel stärkeres Gewicht, denn es handelt sich um die Aussage, mit der Gott für seinen Sohn eingetreten ist. Wer sich auf den Sohn Gottes verlässt, trägt dieses Zeugnis als seinen Besitz in seinem Herzen. Wer Gott nicht glaubt, macht ihn zum Lügner, denn er bezweifelt die Aussage, die Gott über seinen Sohn gemacht hat. Diese besagt: Gott hat uns ewiges Leben gegeben, und wir erhalten dieses Leben durch seinen Sohn. „Wer den Sohn Gottes hat, der hat das Leben, wer aber den Sohn Gottes nicht hat, der hat auch das Leben nicht" (1. Johannes 5,12, Die Gute Nachricht).

„Jesus Christus spricht: Wahrlich, wahrlich, ich sage euch, wer mein Wort hört und glaubt dem, der mich gesandt hat, der hat das ewige Leben und kommt nicht in das Gericht, sondern er ist vom Tode zum Leben hindurchgedrungen" (Johannes 5,24).

Es sei darauf hingewiesen, dass laut den Worten Gottes der, der an Jesus glaubt, das ewige Leben bereits hat und nicht unter gewissen Umständen erst bekommt. Gibt es Schöneres in unserer sterblichen Welt, als des ewigen Lebens gewiss zu sein? Geborgenheit geht davon aus! Welch einen Trost erfahren wir! Welch ein Ausblick ist uns gegeben!

Und welch eine Würde! Statt Brennmaterial für Krematorien oder Futter für Würmer sind wir Bürger des Himmelreiches. Aus Jesu Auferstehungskraft dürfen wir leben, daran dürfen wir uns freuen. Wen wundert es noch, dass sie damals all das „Evangelium" genannt haben: Frohe Botschaft, Siegesbotschaft! Jesu ist der Sieger über den Tod.

Die neue Welt Gottes hat begonnen und ist zugleich im Kommen. Wir können die alte Welt nicht festhalten und sollten darum in ihr keinen Halt suchen.

Ein christlicher Irrtum besteht darin, in Christus nur den Retter aus der Verlorenheit zu sehen. Das Wort „Retter" kommt verhältnismäßig selten in der Bibel vor, das Wort „Herr" dagegen überraschend oft. Dass Christus unser Retter ist, das ergibt sich sozusagen „nebenbei". Entscheidend ist, dass er unser Herr wird. Wir können ihn nicht als Retter haben wollen und uns seiner Herrschaft heimlich entziehen.

Wer Christus nur als seinen persönlichen Heiland (Retter) haben will, weicht der Wahrheit aus. Solche Menschen werden das Reich Gottes nicht erben. Sie sagen viel und oft „Herr, Herr", tun aber nicht den Willen des Vaters im Himmel (Matthäus 7,21). Jesus ist der Herr. Wir haben seine Herrschaft über uns zu akzeptieren, ihn als Herrn aufzunehmen! Unsere Herrschaft ist zu Ende, wenn er an die Stelle tritt. Unser Ich, unsere Selbstherrlichkeit haben zu sterben. Paulus sagt: „Haltet euch dafür, dass ihr der Sünde gestorben seid und lebet Gott in Christo Jesu, unserem Herrn" (Römer 6,11).

Wie sollen wir das verstehen?

Wenn ich gestorben bin, hat nichts, aber auch gar nichts mehr Gewalt über mich. Nichts kann mich mehr aufregen, nichts kann mich mehr umherstoßen, nichts kann mich noch versklaven. So frei sind die Christen, sagt Paulus. Sie gehen durch ihr Leben, als seien sie schon gestorben, und leben aus der Kraft eines neuen anderen Lebens, das nicht ihnen, sondern Christus gehört, um das sie sich also nicht mehr zu ängstigen brauchen. Sie brauchen sich an all den Dingen dieses Lebens nicht mehr festzuhalten. Sie können loslassen. Christen dürfen aus diesem alten Leben aussteigen und in ein neues, gutes, geheiltes, starkes Leben umsteigen. Das hat Ostern uns gebracht.

Wenn wir Jesus den Herrn sein lassen, dann lebt er in uns. So hart es unserem alten Menschen (auch unserem alten frommen Menschen) ankommen mag, die Auslieferung an Christus zu Gehorsam aus Liebe zu ihm ist die einzige Möglichkeit des Christen. Anders gibt es keine Nachfolge. Das Überraschende ist, dass damit nie gekannte Freude und Vollmacht in uns einziehen.

Der Sünde zu sterben, ist schmerzlich. Mit Jesus Christus als Herrn zu leben, ist Freude. Es gab Zeiten in meinem Leben, in denen ich glaubte, einige Bibelworte seien nicht stimmig, z. B.: „Ist jemand in Christus, so ist er eine neue Schöpfung; das Alte ist vergangen, siehe, es ist alles neu geworden" (2. Korinther 5,17).

Nein, ich war keine neue Schöpfung geworden. Ungehorsam machte mir zu schaffen. Jesus war nur im Korridor des Lebens. Da stand das Christsein auf schwankendem Boden. Die Auslieferung aller Räume an Jesus lässt die Kräfte seines Lebens wirksam werden. Wir stehen da und erleben das Wunder seiner Siege über unsere Lebensumstände. Das Christenleben ist keine religiöse Quälerei. Es ist – bei allen Anfechtungen, Stolpern und Fallen – Freiheit von der Macht der Sünde, Freiheit zum Liebesgehorsam. Nicht vollkommen und doch vollkommen geliebt.

Seine alten Lasten darf man loswerden.

Kommt man aber nicht unter neue Lasten in der Nachfolge Jesu? Es mag sein. Jesus sagt: „Meine Last ist leicht" (Matthäus 11,30). Zu allem, was sein Wort von uns verlangt, gibt er die Kraft. Darum ist es wahr: Seine Last ist leicht.

Wie sieht solch ein Leben, in dem Jesus die Herrschaft hat, aus?

Ein ständiges mit-ihm-Sein ist es. Bibellesen und Gebet gehören dazu, auch manche Last: „Wer mir folgen will, der verleugne sich selbst und nehme sein Kreuz auf sich täglich und folge mir nach" (Lukas 9,23). In dieser Hingabe an Jesus Christus werden die Weichen für ein sieghaftes Leben gestellt. Es ist dann nicht ein Leben, das wir aus eigenen Kräften leben. Darum sagt Paulus auch: „Ich lebe, aber doch nun nicht ich, sondern Christus lebt in mir" (Galater 2,20).

Seine Siege sind es, die wir da erleben, nicht unsere. Seine Kraft ist es, die da wirksam wird, nicht unsere. Seine Liebe ist es, die zu den Menschen geht, nicht unsere. Christenleben wird in Verbindung mit Jesus Christus gelebt. Da kommt es zu den Früchten des Glaubens, zu denen wir berufen sind, und unsere Umwelt hat viel Schönes davon: Nächstenliebe, Feindesliebe, Liebe zur Schöpfung.

*

Zum Schluss zitiere ich einen Klassiker der Weltliteratur, „Von der Freiheit eines Christenmenschen" von Martin Luther:

„So sehen wir, dass ein Christenmensch an dem Glauben genug hat; er bedarf keines Werkes, dass er fromm sei. Bedarf er denn keines Werkes mehr, so ist er gewisslich von allen Geboten und Gesetzen entbunden; ist er entbunden, so ist er gewisslich frei. Das ist die christliche Freiheit, der einzige Glaube, der da macht, nicht dass wir müßig gehen oder übel tun können, sondern dass wir keines Werkes bedürfen, zur Frömmigkeit und Seligkeit zu gelangen.

Was Christus hat, das ist der gläubigen Seele eigen, was die Seele hat, wird Christi eigen. Christus hat alle Güter und Seligkeit: die sind der Seele eigen; die Seele hat alle Untugend und Sünde auf sich: die werden Christi eigen. Hier erhebt sich nun der fröhliche Wechsel...

Gute fromme Werke machen nimmermehr einen guten, frommen Mann, sondern ein guter frommer Mann macht gute fromme Werke und: Böse Werke machen nimmermehr einen bösen Mann, sondern ein böser Mann macht böse Werke ... Die Werke, wie sie nicht gläubig machen, so machen sie auch nicht fromm. Aber wie der Glaube fromm macht, macht er auch gute Werke.

Dem, der ohne Glauben ist, ist kein gutes Werk zur Frömmigkeit und Seligkeit förderlich. Die Person macht niemand gut als allein der Glaube, und niemand macht sie böse als allein der Unglaube."

Wer erfahren hat, wie ein Leben aussieht, das trotz aller Anfeindungen und Versuchungen Jesus hingegeben ist, wird staunend sagen:

„Es gibt nichts Schöneres!"